_____ 님께

감사의 마음을 담아 드립니다.

무릎으로 드리는
구역예배 대표기도문

2016년 01월 05일 초판 1쇄 인쇄
2022년 10월 20일 초판 5쇄 인쇄

지 은 이 | 김경수
펴 낸 이 | 황성연
펴 낸 곳 | 도서출판 청우
등록번호 | 제 8-63호
주 문 처 | 하늘물류센터
주   소 | 경기도 파주시 광탄면 혜음로 883번길 39-32
연 락 처 | (031) 947-7777 | 팩스 (0505) 365-0691
I S B N | 978-89-94846-32-3 03230

이책은 저작권법에 의해 보호를 받는 저작물이므로 무단전재 및 복제를
금합니다. 잘못 만들어진 책은 구입하신 서점에서 바꾸어 드립니다.

책 값은 뒤표지에 있습니다

무릎으로 드리는
구역예배
대표기도문

| 김경수 지음 |

청우

● 저자의 글

구역예배에 참석할 때마다
도움이 되는
구역원들을 위한 기도서

 교회에는 작은 그룹들이 많이 있다. 교회학교, 남·여전도회, 찬양대 등 기본적인 구조와 조직들이 다양한 형태의 소그룹으로 구성되어 있다.

 이런 그룹 가운데 구역이라는 모임은 아주 소중하다. 교회가 활성화되기 위해서는 말씀, 기도, 교육이 있어야 하는데 구역예배는 세 가지 모두에 대해 아주 중요한 역할을 하고 있다. 구역예배가 잘 운영되면 교회 역시 부흥하고 튼튼해지게 된다.

 구역은 작은 교회라고 하면 옳을 것이다. 구역을 통해 성도들은 말씀을 접하고 기도하고 찬양하며 성도간에 고민을 털어놓고 격려하고 위로받게 된다. 실제적인 신앙생활을 접하고 배우게 되는 곳은 교회보다 오히려 구역이다. 그런 면에서 성도들을 살피고 나누며 회복시키는 구역예배는 대단히 중요한 역할을 한다.

그런데 구역들의 내면을 들여다보면 적게는 3~4명, 많으면 12명 정도의 구성원들이 모여서 예배를 드린다. 그러다 보니 자주 돌아오는 기도가 부담스럽다고 말한다. 필자는 목회자로서 이러한 문제를 가지고 고민을 하다가 구역예배 대표기도문을 쓰게 되었다. 작은 기도를 통해서 구역예배가 살아서 역동적으로 움직이는 계기가 되기를 기대해 본다.

"내게 줄로 재어 준 구역은 아름다운 곳에 있음이여 나의 기업이 실로 아름답도다" (시 16:6)

김경수

CONTENTS

저자의 글 4
구역예배의 기도 이론 8

1장 구역예배 대표 기도

1주 아름다운 구역이 되게 하옵소서(신년) ·············· 14
2주 여호와는 우리의 힘이십니다 ·············· 16
3주 여호와는 구역의 능력이십니다 ·············· 18
4주 추수할 일꾼들을 보내 주소서 ·············· 20
5주 주의 산업에 복을 주소서 ·············· 22
6주 아름다운 구역이 되게 하옵소서 ·············· 24
7주 기쁨의 구역이 되게 하옵소서 ·············· 26
8주 충성된 삶을 살게 하옵소서 ·············· 28
9주 상처받은 구역원을 치유하여 주옵소서 ·············· 30
10주 사랑 안에서 가장 귀하게 여기게 하옵소서 ·············· 32
11주 구역을 지키시고 보호하여 주옵소서 ·············· 34
12주 능력과 권세로 승리하게 하옵소서 ·············· 36
13주 즐겁게 헌신하게 하옵소서 ·············· 38
14주 은혜를 지키게 하소서 ·············· 40
15주 회복시켜 주옵소서 ·············· 42
16주 영원한 생명이 있게 하옵소서(부활절) ·············· 44
17주 기쁨으로 섬기게 하옵소서 ·············· 46
18주 칭찬받는 구역이 되게 하옵소서 ·············· 48
19주 하나님을 온전히 의지하게 하옵소서 ·············· 50
20주 약한 자들에게 힘을 주옵소서 ·············· 52
21주 용기와 힘을 주옵소서 ·············· 54
22주 주님께 찬양을 드립니다 ·············· 56
23주 진리를 좇아 살게 하옵소서 ·············· 58

24주 은혜 받기 원합니다 ································ 60
25주 교회가 성장하게 하소서 ···························· 62
26주 기도하는 제목마다 응답 받게 하옵소서 ········· 64
27주 사귐과 치유와 교제를 주옵소서 ··················· 66
28주 정결함으로 채워 주옵소서 ·························· 68
29주 주님! 붙들어 주옵소서 ······························· 70
30주 성령으로 새롭게 하옵소서 ·························· 72
31주 영혼을 돌보심의 은혜를 주옵소서 ················ 74
32주 적은 일에도 은혜를 주옵소서(여름 행사) ········ 76
33주 예배를 통해 회복하소서 ····························· 78
34주 사랑과 교제를 회복하소서 ·························· 80
35주 주님만을 섬기게 하소서 ····························· 82
36주 성령의 능력으로 새롭게 하여 주옵소서 ········· 84
37주 하나님을 온전히 의지하게 하옵소서 ············· 86
38주 당당한 그리스도인이 되게 하옵소서 ············· 88
39주 약한 자들에게 힘을 주옵소서 ······················ 90
40주 치유와 회복의 은총을 주옵소서 ··················· 92
41주 겸손함 속에 예배를 사모하게 하옵소서 ········· 94
42주 예수님의 보혈로 씻어 주옵소서 ··················· 96
43주 부흥의 축복을 주옵소서 ····························· 98
44주 긍휼과 자비를 주옵소서 ···························· 100
45주 하나님의 섭리와 은총을 주옵소서 ··············· 102
46주 교회의 부흥을 주옵소서 ···························· 104
47주 지경을 넓혀 주옵소서(추수 감사절) ·············· 106
48주 찬양을 받으시옵소서 ································ 108
49주 은혜로 새로워지게 하옵소서 ······················ 110
50주 복음을 전하는 군사가 되게 하소서 ·············· 112
51주 주의 멍에를 메게 하소서(성탄절) ················ 114
52주 위의 것을 바라게 하소서(송구영신) ············· 116

2장 구역을 위한 중보 기도

자녀의 돌을 맞이한 가정을 위한 기도 ········· 120
여행을 떠나는 가정을 위한 기도 ············· 121
첫 출근하는 가정을 위한 기도 ··············· 122
새로운 사업을 시작하는 성도를 위한 기도 ····· 123
개업한 성도를 위하여 ······················· 124
출산을 앞둔 성도를 위하여 ·················· 126
출산한 가정을 위한 기도 ···················· 128
새집으로 이사한 가정을 위한 기도 ············ 129
시험 당한 가정을 위한 기도 ················· 130
입시에 실패한 가정을 위한 기도 ·············· 131
실직한 가정을 위한 기도 ···················· 132
물질에 손해를 본 가정을 위한 기도 ··········· 133
배우자를 찾는 기도 ························· 134
병든 성도를 위한 기도 ······················ 136
병원에 입원한 성도를 위한 기도 1 ············· 137
병원에 입원한 성도를 위한 기도 2 ············· 138
난치병 걸린 성도를 위한 기도 1 ··············· 139
난치병 걸린 성도를 위한 기도 2 ··············· 140
믿음을 찾아야 할 성도를 위한 기도 ············ 142
재난을 당한 성도를 위한 기도 ················ 143
고난 속의 성도를 위한 기도 ·················· 144
핍박 받는 성도를 위한 기도 ·················· 146
경제적인 어려움을 겪는 성도를 위한 기도 ······ 148

3장 가족을 잃은 가정을 위한 기도

아내를 잃은 성도를 위한 기도 ·············· 152
부모님을 잃은 성도를 위한 기도 1 ·············· 153
부모님을 잃은 성도를 위한 기도 2 ·············· 154
남편을 잃은 성도를 위한 기도 1 ·············· 156
남편을 잃은 성도를 위한 기도 2 ·············· 158
가족을 잃은 가정을 위한 기도 1 ·············· 160
가족을 잃은 가정을 위한 기도 2 ·············· 162
가족을 잃은 가정을 위한 기도 3 ·············· 164
가족을 잃은 가정을 위한 기도 4 ·············· 165

4장 구역예배 헌금 기도와 식사 기도

예물을 기뻐 받아 주시고 열납하여 주소서 ·············· 168
향기로운 제물이 되게 하소서 ·············· 169
사랑의 역사가 일어나게 하여 주소서 ·············· 170
복음의 역사가 있게 하소서 ·············· 171
예물을 드립니다 ·············· 172
감사할 줄 알게하소서 ·············· 173
대접하는 손길을 축복하여 주옵소서 ·············· 174
식탁에 복 내려 주옵소서 ·············· 175
날마다 일용할 양식을 주옵소서 ·············· 176
주님의 사랑을 깨닫습니다 ·············· 177
이 가정을 축복합니다 ·············· 178
부족함이 없게 하여 주옵소서 ·············· 179

부록 심방할 때 필요한 성경구절 ·············· 181

구역 예배의 기도 이론

 구역예배는 각 가정의 형편과 구역의 특수 상황 속에서 드리게 된다. 그래서 기도를 할 때도 가정과 구역의 전반적 흐름을 가지고 구역의 영적 상태와 구역원의 생활을 가지고 기도를 해야 한다. 예를 들면 구역예배는 각 가정마다 돌아가면서 드리는 예배이기 때문에 장소에 따라서 환경과 상황이 다르다. 즉, 구역예배를 드리는 본질과 내용은 일정하지만 기도의 주체, 기도의 여건은 다르다고 할 수 있다.
 구역예배 기도는 일반적인 기도와 다르게, 더욱 현실적이고 복음 중심적인 기도가 되어야 한다. 구역이라는 공동체가 위로와 격려, 믿음과 신뢰, 은혜와 축복, 봉사와 전도, 예배와 교육의 장이 되어야 하기 때문이다. 그러기 위해서 서로를 돌아보고, 각자 역할 분담과 상호 협력을 통해서 사랑으로 세우고 위로와 용기를 주는 기도를 해야 한다.
 구역예배 기도의 원리는 성경을 통해서 볼 때 다섯 가지로 나눌 수 있다.

첫째, 하나님께 드리는 예배가 전제되어야 한다.
둘째, 효과적인 성경 공부가 전제되어야 한다.
셋째, 이웃을 위한 기도가 전제되어야 한다.
넷째, 복음 전파가 전제되어야 한다.
다섯째, 친교 활동이 전제되어야 한다.

구역예배는 서로의 삶을 나누고 부족한 영적 생활과 개인들의 삶의 문제점들을 터놓고 기도하는 곳이다. 더하여 구역예배는 병든 자, 시험에 빠진 자, 환난을 당한 자, 슬픔을 당한 자, 사업에 실패한 자, 새 신자, 이사 온 자, 개인적인 고민, 직장 문제, 가정 문제 등의 기도 제목을 제일 먼저 접하는 장소이다. 따라서 말씀으로 위로하고, 격려를 통해서 친교와 사랑을 나누는 현장이 되어야 한다.

"아무 것도 염려하지 말고 다만 모든 일에 기도와 간구로 너희 구할 것을 감사함으로 하나님께 아뢰라"(빌 4:6)

믿음의 경주

- 맥스 루케이도 -

하나님이 당신을 위하신다.
하나님이 경주하는 당신을
응원하고 계신다.

결승선 너머를 보라.
하나님이 당신의 발걸음 하나하나
박수를 보내고 계신다.

너무 지쳐서 더는 못 가겠는가?
그분이 데려가시리라.
너무 실망스러워
싸울 힘이 나질 않는가?

그분이 일으켜 세우시리라.
하나님은 당신 편이시다.

구역예배 대표 기도

무릎으로 드리는 구역예배 대표기도문

1주 아름다운 구역이 되게 하옵소서
(신년)

"내게 줄로 재어 준 구역은 아름다운 곳에 있음이여 나의 기업이 실로 아름답도다" (시 16:6)

인생을 주관하시는 하나님 아버지!
너무도 약하고 부족한 저희들을 택하여 주님의 자녀로 삼아 주시고 교회의 한 구역의 줄로 세워 주시니 감사합니다. 특별히 오늘은 주님의 은혜와 사랑 속에서 신년 첫 구역예배를 드리오니 영광과 찬양을 받으시옵소서.
은혜로우신 하나님!
올해에는 저희에게 주님을 향한 열정과 사랑을 더하사, 한 가족이 되게 하신 구역원 한 가정 한 가정을 더욱 사랑으로 섬기게 하시고 성도들 한 사람 한 사람의 신앙이 날로 성장하여 모두 교회의 큰 일꾼이 되게 해 주옵소서. 또한 초대교회처럼 성령 충만한 구역이 되게 해 주셔서 말씀으로 충만하고, 은혜로 충만하며, 사랑으로 뜨겁게 되기를 원합니다. 저희가 각 가정을 심방할 때마다 사랑으로 소망을 전하게 하시고 하나님의 일을 충성되게 할 수 있게 해 주옵소서.

어려움 당한 가정에 주님이 함께하셔서 믿음으로 잘 극복해 나가는 한 해가 되게 하시고, 믿음이 더해짐으로 은혜가 넘쳐나게 해 주옵소서.

성도의 가정마다 영적인 부흥의 은혜가 넘치게 하시고 만나는 사람들이 주님 앞으로 돌아오게 하여 주옵소서.

어떤 경우라도 낙심치 않게 하시고 인내하며 승리하여 주님의 은혜와 사랑이 넘쳐나게 하여 주옵소서.

사랑이 풍성하신 하나님!

저희 구역을 축복하셔서 각 가정마다 올해 세운 계획들이 이루어지고 영혼이 잘되고 범사가 잘되며 강건해지는 복을 허락하셔서 하나님을 영원히 모시고 항상 기뻐하면서 찬양으로 영광을 돌리는 구역이 되게 해 주옵소서.

예수 그리스도의 이름으로 기도합니다. 아멘

여호와는 우리의 힘이십니다

"너는 마음을 다하고 뜻을 다하고 힘을 다하여 네 하나님 여호와를 사랑하라"(신 6:5)

생명이시며 소망이 되시는 하나님 아버지!
전능하신 주님께 영광을 돌립니다. 교회의 지체된 저희들이 이 시간 구역예배로 주님께 영광 돌릴 수 있게 축복하시니 감사합니다.
주님께서는 저희들을 택하시고 오늘까지 보호하시고 지켜 주셨지만 저희들은 주님의 뜻을 깨닫지 못하고 죄악 가운데 살았습니다. 주의 크신 은혜로 저희들을 불쌍히 여기셔서 죄 가운데서 구해 주시고 하나님께 충성된 삶을 살게 도와주옵소서.
사랑의 주님!
저희 구역 식구들을 위하여 기도하오니 응답하여 주옵소서. 저희 구역이 하나님께 인정받는 구역이 되게 하시고, 사랑과 평화가 충만하게 하옵소서.

서로 사랑하여 거룩하신 주의 가족으로 묶어 주시고 구역의 가정들을 돌보아 주옵소서. 각 가정마다 기도 제목들이 모두 이루어지는 은혜를 누리게 하여 주옵소서.

특별히 기도하는 것은 여러 처지와 환경으로 멀리 출타해 있는 식구들을 위해 기도하오니 어느 곳에 있든지 굳건한 믿음으로 살게 하셔서, 기쁨의 소식이 들리게 하여 주옵소서.

구역을 위해 수고하시는 구역장을 축복하셔서 부족함 없도록 하시고 건강도 지켜 주옵소서. 오늘 구역예배 위에 크신 복을 내리셔서 향기로운 제사가 되게 하시고, 하나님께서 기뻐 받으시는 예배가 되게 하여 주옵소서.

거룩하신 하나님!

이 자리에 오셔서 예배하는 저희들을 축복하여 주시고 선포되는 말씀에 순종하게 하시며 믿음의 삶으로 이어지게 하옵소서.

거룩하신 예수 그리스도의 이름으로 기도드립니다. 아멘

여호와는 구역의 능력이십니다

"나를 사랑하고 내 계명을 지키는 자에게는 천 대까지 은혜를 베푸느니라"(신 5:16)

사랑이 많으신 아버지 하나님!
이 시간 사랑하는 저희 구역원들, 일상의 일을 잠시 멈추고 구역예배로 모였습니다. 주님을 찬양하고 경배하기를 원하오니 성령님, 이곳에 임재해 주시고 역사해 주옵소서.
또한 이 시간을 통해 구역원들끼리 서로 기도하며 섬기는 은혜가 있게 해 주옵소서. 가까이 있지만 서로 잘 알지 못하고 섬기지 못하는 구역원들도 있습니다. 이제 서로를 알게 하시고, 화목하게 하시고, 서로 섬기는 귀한 교제의 시간이 되게 해 주옵소서.
예배를 통하여 심령이 상한 자가 있다면 위로를 받고, 육신의 병이 있다면 성령의 능력으로 깨끗이 낫는 시간이 되도록 인도해 주옵소서.
차마 마음을 터놓고 얘기할 수 없는 고민이 있다

면, 그들의 마음을 어루만져 주시고 주님의 도우심을 경험하는 귀한 시간으로 삼아 주옵소서.

은혜로우신 하나님!

저희는 너무나 연약합니다. 주님의 능력으로 힘을 얻게 하시고 그 은혜로 나음을 얻게 하여 주옵소서. 또한 서로의 어려움을 알고 기도해 줄 수 있는 저희들이 되게 하여 주옵소서. 주 안에서 지체의 아픔이 나의 아픔이 되게 하시고, 함께 울어 주며 고통을 나눌 수 있는 공동체가 되게 하여 주옵소서.

자비로우신 하나님!

저희들이 있는 모습 그대로 예배하오니 신령과 진정의 예배가 되기를 원합니다. 이 시간, 저희들의 예배를 받으시고 주님의 사랑으로 축복하여 주옵소서. 주님의 영광을 드러내며, 하늘나라의 일꾼답게 살아가도록 새롭게 하여 주옵소서. 거룩하신 예수 그리스도의 이름으로 기도드립니다. 아멘

 추수할 일꾼들을 보내 주소서

> "여호와께서 백성을 사랑하시나니 모든 성도가 그의 수중에 있으며 주의 발 아래에 앉아서 주의 말씀을 받는도다"(신 33:3)

하나님 아버지!
저희 구역을 사랑하시니 감사드립니다. 여기까지 인도하여 주시고 또 영원히 변함없는 사랑으로 늘 함께하여 주실 것을 믿음으로 바라보며 찬양과 영광을 돌립니다.
은혜의 주님!
저희들, 세상에 살면서 분주하게 지내다가 이 시간 여기 왔습니다. 주님의 사랑으로 저희 죄를 돌아보고 회개하는 은혜를 허락하여 주옵소서. 또한 예수 그리스도 안에서 하나가 되게 하여 주시고 서로가 서로를 사랑함으로 나보다 남을 낫게 여기며 성령 안에서 아름다운 교제를 통해 서로 위로 받는 기쁨도 누리게 하여 주옵소서.
서로가 서로에게 친절과 관심을 베풀어 주님의 사랑을 나누게 하시며, 성령 안에서 한 마음, 한

뜻으로 하나가 되게 하여 주시기를 간구합니다.
하나님 아버지!
저희 구역이 하나님의 말씀에 순종하는 구역이 되기를 원합니다. 저희가 무엇을 하여야 하나님께서 기뻐하시는지 구별하는 자들이 되게 하여 주시고, 또한 저희 구역원 한 사람 한 사람이 주님을 통해서 힘과 능력을 공급받기를 원하오니 성령의 능력을 덧입혀 주옵소서.
은혜로우신 하나님.
저희가 믿음으로 고백한 것은, 마음을 다해 실천하게 하시고 또한 열매 맺게 하여 주옵소서. 저희들이 오랜 시간 예수를 믿었지만 열매가 없습니다. 불쌍히 여기시고 구원의 열매, 성령의 열매, 빛의 열매를 맺을 수 있도록 은혜를 허락하여 주옵소서. 모두 열매 맺는 구역원들이 되게 하시고 이 세상 끝날까지 성령의 열매를 맺어서 주님의 증인으로 살도록 축복하여 주옵소서.
저희에게 충만을 주시는 예수 그리스도의 이름으로 기도드립니다. 아멘

 주의 산업에 복을 주소서

"그런즉 네 하나님 여호와를 사랑하여 그가 주신 책무와 법도와 규례와 명령을 항상 지키라"(신 11:1)

살아 계신 하나님 아버지!
저희 구역 식구들, 이렇게 모여 예배드리게 하심을 감사드립니다.
오늘 이 시간, 저희를 먼저 사랑하신 하나님 앞에 엎드리오니 저희의 죄와 허물을 용서하여 주시고 은혜 속에 머물게 하여 주옵소서.
이곳에 임하셔서 생명의 말씀을 허락하여 주시고 어리석고 미련한 저희를 인도하셔서 마음과 생각이 정결케 되도록 도와주옵소서.
은혜의 하나님!
저희가 마음에 온유를 덧입고 서로의 마음을 받아들여 사랑 넘치는 교제를 하게 하시고, 성령님의 역사 속에 가정 구원과 천국 구원이 이루어지게 하여 주옵소서.
영적으로 힘든 지체들은 새 힘을 얻게 하시고,

육체적으로 병든 지체들은 주님의 보혈의 능력으로 치료하여 주옵소서.

사랑이 많으신 하나님!

저희 구역에 물질 문제, 생활의 염려로 힘든 지체들도 있사오니 그들이 새 힘을 얻게 하여 주옵시고, 그들을 위해 저희가 서로 기도할 때 하나님의 놀라운 역사가 일어나게 하여 주옵소서.

또한 병든 자를 위하여 기도하오니, 치유의 역사가 일어나게 하시고, 귀신 들린 자들이 떠나가게 하시며, 염려와 근심 속에 있는 자들의 문제가 해결되게 도와주옵소서.

이 시간, 성령께서 저희의 마음을 다스리셔서 하나님께서 기뻐 받으시는 구역예배가 되게 하옵소서.

이 복된 구역예배에 저희가 한 마음, 한 입으로 주님께 영광 돌리기를 소망하오니 참된 제사가 되게 하여 주옵소서.

저희 구역을 돌보시는 예수 그리스도의 이름으로 기도드립니다. 아멘

6주 아름다운 구역이 되게 하옵소서

"나는 오직 주의 사랑을 의지하였사오니 나의 마음은 주 구원을 기뻐하리이다"(시 13:5)

사랑이 많으신 아버지 하나님!
오늘 이렇게 저희 구역에 속한 성도들이 모여 하나님께 예배드리게 하심을 감사드립니다. 저희의 예배를 받으시고 하나님의 놀라운 은혜의 역사가 이 시간 저희 구역원들 위에 넘쳐나게 하옵소서.
구역원들의 모든 사정을 아시는 주님!
저희의 구하는 것이 하나님의 나라와 그 의가 되게 하여 주시고, 저희의 모든 사정을 아뢸 때에도 하나님의 뜻이 이루어지게 하여 주옵소서. 특별히 고통과 아픔 중에 있는 성도를 위하여 기도합니다. 구역원들이 한마음으로 간구하오니 하나님의 자비하신 손길로 위로하셔서 주님이 주시는 평강을 맛보며 새로운 소망을 가질 수 있도록 은혜를 베풀어 주시기를 원합니다.
성령께서 고통 가운데 있는 성도들의 마음을 만져 주시고, 질병으로 고통을 당하는 성도에게는 치유의 은혜를 허락하여 주옵소서.
하나님 아버지!
이 시간 구역원들이 모여 서로의 아픔을 나누고 기도의 제목들을 나누었습니다. 그 기도의 제목들을 가지고 자신의 일처럼 기도하는 구역원들이 되게 하시고, 서로가 서로의 아픔을 돌아보며 위로하는 저희가 되게 하여 주옵소서.
이 시간에 함께하지 못한 분도 있습니다. 어디에 있든지 이 시간을 기억하게 하셔서 같은 마음으로 예배할 수 있도록 인도하여 주옵소서.
구역장님께서 말씀을 증거하실 때 하나님의 능력이 나타나게 하시고 성령의 감화 감동이 임하게 하여 주옵소서. 구역예배를 마치고 돌아갈 때에는 주의 능력으로 새롭게 변화된 모습이 되게 하여 주옵소서.
거룩하신 예수님의 이름으로 기도합니다. 아멘

 기쁨의 구역이 되게 하옵소서

> "오직 나는 주의 풍성한 사랑을 힘입어 주의 집에 들어가 주를 경외함으로 성전을 향하여 예배하리이다"(시 5:7)

저희의 일상을 통해 간섭하시는 하나님!
오늘 이 시간도 교회 공동체인 구역 안에서 지체와 지체를 만나게 하시니 감사합니다.
부족한 사람들이지만 예수 그리스도 안에서 하나가 되어 예배하며 교제의 모임을 갖고자 하오니 하나님의 은혜로 충만한 시간 되게 하여 주옵소서.
사랑의 주님.
이 시간 성령님께서 저희 구역 안에 임하셔서 구역에 속한 모든 성도와 그 가정들을 품에 안아 주시기를 원합니다.
저희가 서로 원만한 관계가 되게 하여 주시어서 서먹서먹한 성도가 없게 하시고 만날 때마다 더없이 기쁘고 반가운 얼굴들이 되게 하여 주옵소서. 또한 서로 격려하여 하나님의 영광을 드러내는 귀한 도구가 되게 하여 주시기를 원합니다.
채우시는 하나님!
여기 모인 가정마다 지체마다 성령 충만하게 하셔서 끊임없이 성령님과 교제를 누리기 원합니다. 오늘 모임 속에서도 성령께서 함께하셔서 충만한 은혜 가운데 마음이 하나 되어 뜨거워지는 귀한 시간 되게 하여 주옵소서.
생명을 주시는 하나님!
저희 구역이 지역 사회의 구원의 방주가 되게 하시며, 죽어 가는 심령들을 살리는 역할을 하게 하시고 날마다 주님의 기쁜 소식을 전하는 일꾼이 되게 하여 주옵소서.
이러한 사명을 잘 감당하기 위해서 날마다 새 힘을 주시고 부르심에 합당한 삶을 살도록 은혜를 베풀어 주옵소서. 저희만의 모임으로 끝나지 않게 하시고 생명이 흘러가는 살아 있는 구역이 되게 하여 주옵소서.
저희를 날마다 인도하시고 축복하시는 예수 그리스도의 이름으로 기도드립니다. 아멘

충성된 삶을 살게 하옵소서

> "주께서 사랑하시는 자들을 건지시기 위하여 저희에게 응답하사 오른손으로 구원하소서"(시 108:6)

생명이시며, 소망이 되시는 하나님 아버지!
교회의 지체된 저희들이 이 시간 구역예배로 주님께 영광 돌릴 수 있게 해 주시니 감사합니다. 주님께서는 저희들을 택하여 주시고 이 시간까지 보호하시고 지켜 주셨지만 저희들은 주님의 뜻을 깨닫지 못하고 죄악 가운데 살았습니다. 저희들은 넘어지기 쉽고 주님의 뜻을 저버리고 살기 쉬우니 붙잡아 주시고, 저희들을 불쌍히 여기셔서 어려운 시련 가운데서도 용기를 잃지 않고 주님께 충성된 삶을 살게 도와주옵소서.
사랑의 하나님 아버지!
저희 구역이 아버지께 더욱 인정받는 구역이 되게 하시고 사랑과 평화가 끊임없이 돋아나게 하시며, 서로 사랑하며 모든 구역 식구들의 마음을 주님의 거룩하신 은혜의 밧줄로 묶어 하나 되게 하여 주옵소서. 그리하여 여러 가지 문제를 놓고 기도할 때마다 넉넉히 이루어지게 하시옵소서. 특별히 출타해 있는 구역원들이 있사오니 어느 곳에 있든지 굳건한 믿음으로 살게 하셔서 기쁨의 소식이 끊어지지 않게 인도하여 주시옵소서. 구역을 위하여 수고하시는 구역장님에게 성령의 능력을 주시어서 구역을 돌보는 데 부족함 없게 하시고, 건강도 지켜 주옵소서.

오늘 예배에 참석치 못한 식구들도 주님께서 친히 돌보아 주시며 저희 구역을 통하여 저희 교회가 부흥하고 성장하도록 도와주옵소서.

능력의 하나님!

간구하옵기는 저희의 받은 사명을 잘 감당하기를 원합니다. 추수할 것은 많은데 일꾼이 부족하다고 하셨으니 좋은 일꾼, 훈련된 일꾼이 많아져서 주님 나라에 쓰임 받는 구역이 되게 하여 주옵소서.

사랑이 많으신 예수 그리스도의 이름으로 기도합니다. 아멘

상처받은 구역원을 치유하여 주옵소서

"지혜를 버리지 말라 그가 너를 보호하리라 그를 사랑하라. 그가 너를 지키리라"(잠언 4:6)

사랑과 은혜가 풍성하신 하나님 아버지!
저희들을 구역예배로 인도하여 주심을 감사드립니다. 하나님의 뜻을 따라 살기 원하는 구역원들이 한자리에 모였사오니 축복하여 주옵소서.
하나님 아버지!
어려움 당하여 염려 가운데 있는 성도의 가정을 붙들어 주시기 원합니다. 환난 중에 있는 성도들을 위로해 주셔서 힘과 용기를 얻게 하시고 하나님이 주시는 능력을 통하여 낙심하지 않게 하시며 날마다 새로워지게 하여 주옵소서.
그리하여 저희 구역이 부흥하고 교회가 부흥하고, 하나님의 나라가 확장되어 가도록 인도하여 주옵소서.
저희 구역장님과 구역원 모두가 하나가 되어 서

로 협력하며 선을 이루기에 부족함이 없게 하여 주옵소서.

저희들은 약점 많고 연약한 종들입니다. 주님께서 약점 투성이인 제자들을 다듬어 복음을 전하는 귀한 도구로 사용하셨듯이 소극적인 저희들이 예수님의 제자들처럼 주님의 영광을 위해서 귀하게 쓰임 받을 수 있도록 은혜를 베풀어 주옵소서. 지금은 소극적이지만 적극적으로 변화되게 하시고, 복음에 게으른 저희가 부지런함과 열정을 갖고 구역장님을 중심으로 하나 되어 선을 이루는 도구가 되기 원합니다.

'나는 할 수 없다'는 부정적인 생각에 얽매이지 않고 열정적이고 뜨거운 구역원이 되게 하셔서 주님이 주신 직분을 잘 감당할 수 있게 하옵소서. 맡은 자에게 구할 것은 충성이라고 하셨사오니 맡겨진 사명을 잘 감당할 수 있도록 저희 마음을 지켜 주옵소서.

저희를 죄에서 구원하신 예수 그리스도의 이름으로 기도드립니다. 아멘

10주 사랑 안에서 가장 귀하게 여기게 하옵소서

"하늘로부터 소리가 나기를 너는 내 사랑하는 아들이라 내가 너를 기뻐하노라 하시니라"(막 1:11)

사랑의 하나님 아버지!
저희 구역의 모든 성도들을 지켜 주시고 품어 주신 은혜에 감사를 드립니다. 한 주간 세상에서 많은 일들 가운데 살았지만, 다시금 한 자리에 모여 사랑의 교제를 나누게 하심을 감사합니다. 저희들 세상의 모진 풍파로 지쳐 있사오니 이 시간 회복시켜 새 힘을 얻게 하여 주옵소서.
이 시간 구역 식구들을 위해 간구합니다. 가정과 사업장에서 많은 어려운 일들로 힘들어하는 가정이 있습니다. 고통 받는 가정도 있습니다. 자녀로 인해 마음이 괴롭고 아픈 부모도 있습니다. 직장의 과중한 업무로 스트레스를 받고, 상사들로 인해 힘들어하는 성도들이 있습니다. 학업으로 인해 고민하고 지쳐 가는 사랑하는 어린 자녀들도 있습니다. 이 모든 어려움으로 힘들어하는 성도들에게 힘을 주시고 문제를 잘 해결할 수 있는 지혜를 주옵소서. 비록 어렵고 힘들지만 구역모임을 통하여 하나님의 은혜를 체험하게 하시고 서로 위로하며 용기를 주는 모임이 되게 하여 주옵소서. 저희 구역을 통하여 하나님의 영광을 나타내기 원합니다.

하나님 아버지, 모든 가정들을 축복하시어서 구역의 가족들이 건강한 믿음으로 살아갈 수 있는 복을 내려 주옵소서. 모든 가정들이 염려와 근심과 걱정에서 해방되어 기쁨 속에서 복되게 살아가게 하여 주옵소서.

이 시간, 말씀을 증거하는 구역장님에게도 은혜와 능력을 주시어서 잘 인도하게 하시고, 가정에도 복에 복을 더하여 주옵소서. 또한 어려움이 없도록 축복하여 주옵소서. 무엇이든지 구하면 이루어지는 복을 허락하여 주옵소서.

저희의 힘이신 예수 그리스도의 이름으로 기도드립니다. 아멘

11주 구역을 지키시고 보호하여 주옵소서

> "로마에서 하나님의 사랑하심을 받고 성도로 부르심을 받은 모든 자에게 하나님 저희 아버지와 주 예수 그리스도로부터 은혜와 평강이 있기를 원하노라"(롬 1:7)

사랑하는 주님.
저희 사랑하는 구역원들을 지켜 주시고 보호하여 주신 은혜에 감사드립니다.
지난 한 주간도 주의 은혜 안에 살게 하시고 이 시간 다시 저희들의 발걸음을 인도하셔서 함께 예배를 드리게 하시니 감사를 드립니다.
사랑하는 구역원 한 사람 한 사람의 마음을 성령께서 만져 주심으로 회복하게 하여 주옵소서.
직장과 사업장에서 겪는 수많은 어려운 일 때문에 힘들어하며 아파하는 이들이 있습니다. 가정에서 믿지 않는 남편 때문에 눈물 흘리며 힘들어하는 성도도 있습니다.
경제적인 문제로 날마다 낙심하며 눈물로 밤을 지새는 식구들도 있습니다. 이렇게 어려움으로 힘들어하는 구역원들에게 힘과 용기를 주시어서 문제를 해결할 수 있는 지혜를 주옵소서.

은혜가 많으신 하나님!

이 시간, 간구하기는 병마와 싸우며, 고통 중에 있는 성도들에게 치료의 은혜를 허락하여 주시기 원합니다.

또한 여러 가지 문제로 인하여 고민하며 간구하는 성도들이 있사오니 그들의 부르짖는 기도를 들어 주시고 응답하여 주옵소서. 저희 구역을 주의 크신 은혜로 지키시고 보호하여 주옵소서.

자비로우신 하나님!

저희들의 기도를 들어 주심을 감사합니다. 이 시간 성령님께서 저희들을 도와주옵소서.

능력이 많으신 예수 그리스도의 이름으로 기도드립니다. 아멘

12주 능력과 권세로 승리하게 하옵소서

"서로 돌아보아 사랑과 선행을 격려하며"(히 10:24)

고마우신 하나님 아버지!
이 자리에 주의 이름으로 함께 모여 예배하게 하시니 감사합니다.
두세 사람이 내 이름으로 모인 곳에는 나도 그들 중에 있다고 하신 주님의 말씀을 기억하여 이 자리에 모였사오니 하나님께 영광 돌리는 아름다운 모임이 되게 하여 주옵소서.
자기만을 위해 살아가는 이 시대에 주님의 이름으로 모인 저희들이 하나님을 높이며, 서로에게 마음을 열고 고민을 털어놓으며, 신앙의 격려와 위로 속에 교제하는 은혜가 있게 하여 주옵소서.
은혜의 주님.
저희끼리의 모임도 좋지만 무엇보다 이 자리에 성령의 역사하심이 임하길 간구합니다. 성령께서 저희 모임 가운데 임재하셔서 서로의 막힌 담을 허물어 주시고 하나로 묶어 주옵소서. 또한 가정의 위기와 어려움이 있다면 그 어려움을 함께 나누며 서로를 위해 기도할 때 그 어려움들이 깨끗하게 해결되는 능력이 나타나게 하여 주옵소서.

저희를 인도하시는 하나님.

구역 모임이 기쁨의 모임이 되게 하시고, 주님의 임재를 체험하는 모임이 되게 하여 주옵소서. 모일 때마다 감사가 있게 하시고, 예수를 믿지 않는 사람들에게 전도하며 주의 사랑을 전해 구역이 부흥하게 하여 주옵소서.

예배를 받으시는 하나님.

이 시간, 말씀을 전하는 구역장님에게도 은혜와 능력을 주시어서 담대하게 전하게 하옵소서. 오늘 구역예배를 드리도록 장소를 허락한 가정에도 신령한 복을 주시어서 들어가도 나가도 복을 받게 하여 주옵소서.

사랑이 많으신 예수 그리스도의 이름으로 기도합니다. 아멘

13주 즐겁게 헌신하게 하옵소서

> "오라 저희가 아침까지 흡족하게 서로 사랑하며 사랑함으로 희락하자"(잠 7:18)

하나님 아버지!
오늘도 저희 구역을 보호하시고 붙들어 주심을 감사합니다.
구역장님과 구역 식구들 모두 하나님을 사랑하고 헌신하길 원하오니 저희 구역이 날마다 부흥하고 성장하도록 인도하여 주옵소서.
"내게 줄로 재어 준 구역은 아름다운 곳에 있음이여 나의 기업이 실로 아름답도다"(시 16:6)라고 했사오니 저희 구역이 아름다운 구역, 전도하는 구역, 봉사하는 구역이 되도록 복을 허락하여 주옵소서.
치유하시는 하나님!
이 시간, 병원에 입원 중인 집사님을 기억하시고 하나님의 은혜로 속히 나아서 치유되어 빠른 시일 안에 회복되게 하여 주옵소서.

사랑의 하나님 아버지!

이제 막 사업을 시작한 집사님도 있습니다. 성실과 지혜로 승리하도록 힘을 주시고, 하는 사업이 주님의 은혜로 번창해서 구역과 교회의 기쁨이 되게 하여 주옵소서.

아들이 이번에 전국 선수권 대회에 나가는 집사님도 있습니다. 아들이 최선을 다할 수 있도록 마음과 몸을 지켜 주시고 다치지 않도록 보호하여 주옵소서. 또한 뒷바라지하는 집사님 부부에게 함께하셔서 지치지 않고 끝까지 격려하며 응원할 수 있도록 도와주옵소서.

아직 남편이 복음을 모르는 집사님이 있습니다. 속히 그 남편의 마음과 생각을 새롭게 하사 하나님 품으로 돌아오게 하셔서 이제는 함께 예배드리게 하시고 함께 영광 돌리게 하여 주옵소서.

저희 구역이 하나님의 사랑을 받게 하시고, 그 사랑과 기쁨으로 즐겁게 헌신하도록 인도하여 주옵소서. 이 모든 말씀을 예수 그리스도의 이름으로 기도드립니다. 아멘

14주 은혜를 지키게 하소서

"사랑에는 거짓이 없나니 악을 미워하고 선에 속하라"(롬 12:9)

소망이 되시는 하나님 아버지!
저희 교회의 지체들이 이 시간 구역예배로 주님을 찬양하며 모일 수 있도록 복 내려 주심을 감사드립니다.
자비로우신 주님.
지난 한 주간 저희들, 말씀대로 살지 못하고 내 뜻대로 살았습니다. 주님의 크신 사랑으로 용서하여 주옵소서. 매주 이렇게 회개하며 용서받고 또 말씀대로 살아야겠다고 결단하면서도 실천하지 못한 저희의 연약함을 용서하여 주옵소서. 이제 저희들의 결심이 기도로 끝나지 않게 하시고, 오직 행함으로 실천하여 주의 은혜를 지켜나가게 하옵소서. 저희들은 늘 넘어지기 쉽고, 주님의 뜻을 저버리기 쉬우니 주의 능력으로 붙잡아 주시고 바른 길로 인도하여 주옵소서.

은혜로우신 하나님.

저희 구역을 위해 기도합니다. 하나님께 인정받는 구역이 되게 하여 주시고, 서로 돌아보아 사랑과 선행으로 격려하는 구역이 되게 하여 주옵소서. 저희가 서로 세밀히 알지 못하는 각 가정의 여러 문제와 기도 제목들도 있습니다. 어려운 문제들이라 할지라도 믿음이 흔들리지 않도록 하나님께서 굳게 지켜 주시고, 구역예배 시간마다 기쁨의 소식이 들리게 하옵소서. 각 가정마다 감사가 넘치고 은혜가 충만하게 해 주시옵소서. "아무 것도 염려하지 말고 다만 모든 일에 기도와 간구로 너희 구할 것을 감사함으로 하나님께 아뢰라"(빌 4:6)고 했사오니 저희는 염려를 버리고 그저 간구하는 모습으로 나아갑니다. 주의 뜻대로 이루어 주옵소서.

구역장님의 사역에 영육간의 강건함으로 힘을 주시고 장소를 제공한 가정도 충만케 하여 주실 것을 믿습니다. 모든 것을 감사드리며 예수 그리스도의 이름으로 기도드립니다. 아멘

15주 회복시켜 주옵소서

> "너희가 일찍이 일어나고 늦게 누우며 수고의 떡을 먹음이 헛되도다. 그러므로 여호와께서 그의 사랑하시는 자에게는 잠을 주시는도다"(시 127:2)

사랑의 하나님!
분주한 삶 가운데 저희들이 구역예배로 이 자리에 모였습니다. 먼저 하나님의 사랑과 은혜를 찬양하며 저희의 죄와 허물을 주 앞에 고백합니다. 세상의 때로 더러워진 마음과 생각을 예수 그리스도의 십자가 보혈로 정결케 하여 주옵소서. 돌이켜 죄로 돌아가지 않게 하여 주시고 거룩하신 하나님의 뜻을 품고 살아가게 하여 주옵소서.
은혜로우신 주님.
저희가 구역예배 드리는 이 시간이 하나님의 은혜와 임재를 체험하는 귀한 순간이 되게 하시고 긍휼과 사랑으로 가득 채워 주옵소서.
"두세 사람이 내 이름으로 모인 곳에는 나도 그들 중에 있느니라" 하신 말씀이 오늘 저희 가운데 이루어질 줄 믿습니다.

모든 아픔을 체휼하시는 주님.
고통 가운데 있는 성도님의 가정을 기억하여 주옵소서. 하나님의 크신 위로와 평강으로 함께 하여 주셔서 회복시키시는 하나님을 찬양하게 하여 주옵소서. 어렵고 힘든 시간이 끝이 없는 것 같아 보이지만 하나님께서 함께 하시는 그 시간은 결코 헛된 것이 아니며 성실하신 주님의 사역이 끊임없이 이루어지고 있는 과정임을 깨닫게 하여 주옵소서.

그래도 너무나 고통스러워 쓰러지고 싶을 때 저희가 곁에서 돕게 하시고 함께 눈물 흘리며 간절히 기도하게 하여 주옵소서. 주의 사랑과 은혜가 그 속에서 열매 맺도록 주께서 도우시고 인도하여 주옵소서.

생명이신 주님.
이 시간 드리는 예배를 통해 영광 받으시고 저희 구역을 축복하여 주시어서 평생 이 자리를 떠나지 않게 하여 주옵소서. 거룩하신 예수 그리스도의 이름으로 기도드립니다. 아멘

16주 영원한 생명이 있게 하옵소서 (부활절)

> "예루살렘을 위하여 평안을 구하라 예루살렘을 사랑하는 자는 형통하리로다" (시 122:6)

살아 계신 하나님 아버지!
저희들의 몸과 마음과 온 정성을 주께 드리오니 홀로 영광 받아 주옵소서. 특별히 부활주일을 지내고 구역예배로 모이게 하신 은혜를 감사합니다. 지난 시간 동안 주님의 품에 거하게 하시고 지켜 주시어 이렇게 부활의 감격을 고백하며 다시 모였습니다. 이 시간 주님의 귀한 사랑을 베풀어 주시어서 저희 심령을 기쁨으로 충만케 하옵소서.
죽음을 이기시고 부활하신 하나님.
저희가 세상에 살면서 천국의 삶을 확신하지 못한 채 하나님의 말씀대로 살지 못하고, 저희의 뜻을 드러내고 하나님의 영광을 가리고 살았던 것을 고백하오니 크신 사랑으로 용서하여 주옵소서. 언제나 연약한 마음과 생각으로 인해 넘어지고 쓰러집니다. 이 시간 하나님의 은혜로 새롭게 일어서고자 원하오니 성령의 단비를 내려 주옵소서.

저희를 지켜 주시는 주님.

고통의 멍에를 벗어 버리고자 주님 앞에 모인 사랑하는 구역 식구들, 하나님께서 한 명 한 명 기억하시고 위로와 사랑을 넘치게 베풀어 주옵소서. 세상을 살지만 오로지 하늘을 바라봅니다. 세상 염려, 걱정 모두 내려놓고 평안 속에 거하게 하시고 또한 인간적인 성공과 명예에 얽매이지 않도록 인도하셔서 하나님으로 인한 진정한 성공과 영원한 기쁨 속에 거하게 하여 주옵소서.

주님, 저희가 구역예배로 모일 때마다 부활의 확신으로 묶어 주시고, 새 힘을 주시며, 강건하게 하시고, 세상을 살아가는 지혜와 능력을 허락하여 주옵소서.

부활하신 예수 그리스도의 이름으로 기도드립니다. 아멘

17주 기쁨으로 섬기게 하옵소서

"주께서 사랑하시는 자를 건지시기 위하여 주의 오른손으로 구원하시고 응답하소서"(시 60:5)

저희들의 생명이 되시는 하나님 아버지!
저희를 교회의 귀한 지체로 삼아 주셔서 이 시간 구역예배로 주님께 영광 돌릴 수 있게 하시니 감사합니다.
사랑이 많으신 주님.
주님께서는 저희를 택하시고, 보호하시고, 지켜 주셨지만 저희들은 주님의 뜻을 깨닫지 못하고 죄악 가운데 살았습니다. 저희를 불쌍히 여기셔서 죄에서 벗어나게 하시고 하나님께 충성된 삶을 살게 도와주옵소서. 저희들은 늘 넘어지기 쉽고, 주님의 뜻을 저버리고 살기 쉬우니, 주님의 크신 손으로 강력히 붙잡아 주옵소서.
은혜의 주님.
오늘 함께 모인 저희 구역이 하나님께 인정받는 구역이 되게 하시고, 서로의 마음이 하나 되어 사랑이 많은 구역이 되게 하여 주옵소서. 또한 여러 가지 문제를 만나도 합심하여 기도함으로 승리하는 구역이 되도록 축복하여 주옵소서.
이 시간, 어려움 가운데 있는 성도를 위해 기도합니다. 그 가정의 고통을 주님께서 이미 아시고 계신 줄 믿습니다. 주님께서 함께하셔서 믿음으로 어려움을 이겨내게 하시고 승리를 체험하게 도와주옵소서.

동행하시는 주님.

"살리는 것은 영"(요 6:63)이라고 말씀하셨으니 저희의 영을 치유하시고 강건케 하여 주옵소서. 저희에게 맡겨진 사명을 부담스러워하지 않게 하시고 주님과 동행하는 기쁨으로 섬기며 살게 하옵소서. 언제나 수고하시는 구역장님에게 이 시간 더욱 은혜와 축복을 주셔서 기쁨으로 구역원들을 돌보며 섬기게 인도하여 주옵소서.

오늘 저희들의 예배가 아벨의 예배가 되게 하실 것을 믿으며, 은혜가 풍성하신 예수 그리스도의 이름으로 기도드립니다. 아멘

18주 칭찬받는 구역이 되게 하옵소서

"나의 힘이신 여호와여 내가 주를 사랑하나이다"(시 18:1)

사랑과 은혜가 풍성하신 하나님 아버지!
주께서 저희 구역을 사랑하여 주시고 은혜 가운데 지켜 주셨다가 오늘 이렇게 구역예배로 모이게 하시니 감사드립니다.
이 시간, 성령님께서 임재하셔서 구역 식구들 모두가 기쁨과 감사로 충만하게 하여 주옵소서.
능력의 주 하나님,
저희 구역이 항상 하나님을 기쁘시게 하는 구역이 되기를 원합니다.
"이같이 너희 빛이 사람 앞에 비치게 하여 그들로 너희 착한 행실을 보고 하늘에 계신 너희 아버지께 영광을 돌리게 하라"(마 5:16)
하나님 아버지, 이 말씀을 가슴에 새기며 살아갑니다. 저희와 함께하는 이웃에게 하나님의 말씀을 증거하고 저희의 착한 행실로 그들이 하나님의 사랑을 깨닫고 함께 영광 돌리게 되는 은혜를 경험하기를 원합니다. 생각으로나 행실로나 사람과 하나님께 칭찬받는 구역이 될 수 있도록 주께서 인도하여 주옵소서.

은혜의 주님.

오늘 구역예배에 참석하지 못한 구역 식구들이 많이 있습니다. 주님께서 돌보아 주셔서 어디서든지 주님을 기쁘시게 하는 성도들이 되게 하여 주옵소서.

예배를 인도하시는 구역장님에게 진리의 성령이 함께하시기를 간절히 기도하오니 말씀을 전할 때마다 그 입술을 주장하여 말씀의 지혜를 주시고, 저희 모두가 은혜 받고 아멘으로 화답하게 하여 주옵소서.

주의 성령이 이 시간 다스리셔서 저희로 충만하게 하시고 말씀의 은혜가 차고 넘쳐서 새로운 능력으로 감사드리며 영광 돌리게 하옵소서.

거룩하신 예수 그리스도의 이름으로 기도드립니다. 아멘

 하나님을 온전히 의지하게 하옵소서

> "하나님이 이르시되 그가 나를 사랑한즉 내가 그를 건지리라 그가 내 이름을 안즉 내가 그를 높이리라"(시 91:14)

저희에게 승리를 주시는 하나님 아버지!
날마다 저희를 죄와 유혹의 수렁에서 붙잡아 주시니 감사드립니다.
오늘 거룩한 날을 맞이하여 정해진 시간에 구역예배를 드립니다. 이곳에 모인 성도들에게 함께하여 주시어서, 오직 하나님만 의지하고 찬양하게 하여 주옵소서.
오늘도 사랑하는 성도들이 주님 앞에 많은 기도제목을 가지고 나왔습니다. 하나님께서 이 시간 세세히 간섭하셔서, 아픈 마음을 위로하시고, 상처받은 심령들을 치료해 주옵소서. 또한 이 자리에 친히 임재하셔서 하나님을 예배하는 데 부족함이 없도록 성령 충만하게 하여 주시기를 원합니다.

능력의 하나님!

세상을 살아가면서 저희가 독수리처럼 새로운 힘을 덧입고 주님을 더욱 더 앙망하며 찬양하기를 원합니다.

"오직 여호와를 앙망하는 자는 새 힘을 얻으리니 독수리의 날개 치며 올라감 같을 것이요 달음박질하여도 곤비치 아니하겠고 걸어가도 피곤치 아니하리로다"(사 40:31).

이 말씀처럼 날마다 저희의 믿음을 새롭게 하여 주옵소서. 때로 고난이 닥치고 고통의 세월을 만나게 되더라도 그 순간, 저희를 변함없이 사랑하시는 하나님을 기억하도록 도와주옵소서. 저희 믿음이 무너지지 않게 하시고 어떤 순간에라도 온전히 하나님만을 의지하게 하여 주옵소서.

오늘 예배를 통해서 믿음이 더욱 굳어지고 성숙해지는 은혜를 깨닫기를 바랍니다.

예배 시간 내내 주께서 함께하실 것을 믿으며 사랑이 많으신 예수 그리스도의 이름으로 기도합니다. 아멘

20주 약한 자들에게 힘을 주옵소서

"여호와를 사랑하는 너희여 악을 미워하라 그가 그의 성도의 영혼을 보전하사 악인의 손에서 건지시느니라"(시 97:10)

세상 만물을 새롭게 하시는 하나님 아버지!
오늘도 구역예배로 모여 경배하게 하심을 감사합니다. 오늘 이 예배를 주께서 받아 주시고 홀로 영광 받으시옵소서.
선한 길로 인도하시는 주님.
지난 한 주간 저희들의 삶이 죄 가운데 걸어온 삶이었음을 고백합니다. 늘 넘어지는 저희를 불쌍히 여겨 주시고, 죄를 사하여 주시어서 하나님의 은혜로 다시 일어나게 하시고, 다시 회복되게 하여 주옵소서.
건강이 좋지 않은 성도들의 모든 질병이 치유되게 하시고, 십자가의 보혈로 깨끗하게 낫게 하여 주옵소서. 나사렛 예수의 이름으로 명할 때 질병이 떠나가게 하여 주옵소서.
"주는 나를 용서하사 내가 떠나 없어지기 전에

나의 건강을 회복시키소서"(시 39:13)라고 다윗이 기도한 것처럼 저희도 그토록 간절히 구하오니 건강을 회복시켜 주옵소서.

거룩하신 주님.

오늘 드리는 예배를 통해 저희의 마음과 삶이 변화되기를 원합니다. 거짓과 가식을 버리고 신령과 진정으로 드리는 예배가 되게 하셔서 이 시간을 통해 살아 계신 하나님을 만나고 성령 충만케 되어 연약한 저희의 심령이 힘을 얻어 강건해지는 은혜와 역사가 일어나게 하여 주옵소서.

저희 가운데 약한 자들을 위하여 기도합니다. 질병으로 예배에 참여하지 못하는 성도들을 긍휼히 여겨 주시고, 그들이 어느 곳에 있든지 동일한 은혜를 허락하셔서 하나님의 치유하심을 체험하게 하옵소서. 또한 각 지체들이 포도나무이신 예수님께 붙어 있음으로 풍성한 열매를 맺게 하여 주옵소서.

저희를 변함없이 사랑하시는 예수 그리스도의 이름으로 기도합니다. 아멘

21주 용기와 힘을 주옵소서

> "나는 사랑하나 그들은 도리어 나를 대적하니 나는 기도할 뿐이라. 그들이 악으로 나의 선을 갚으며 미워함으로 나의 사랑을 갚았사오니"(시 109:4-5)

은혜와 사랑의 하나님 아버지!
주님께 영광과 찬양을 드리며, 구역예배로 나올 수 있도록 인도해 주시니 감사드립니다.
이 시간, 연약한 저희들의 죄와 허물, 부족한 믿음, 육체의 소욕을 용서하여 주옵소서. 온전히 주님의 뜻을 따르지 못하고 살았으나 날마다 회개하며 나아가오니 하루하루 변화되는 은혜 속에 주님의 뜻을 따르는 저희들이 되게 하여 주옵소서.
이 민족과 나라를 위하여, 교회와 이웃을 위하여 기도하지 못한 죄를 용서하시고, 말씀을 가까이 하지 못하고 세상일로 분주하여 전도하지 못한 죄도 주님의 사랑으로 용서하여 주옵소서.
이 나라, 이 민족, 이 백성을 긍휼히 여겨 주시어 이 땅에 참혹한 전쟁이 다시는 일어나지 않게 하시며, 북한의 위협이 평화적으로 해결되어 남북통일의 길로 속히 나아갈 수 있게 하시옵소서. 이 시간, 주님의 이름으로 간구하오니 저희 구역을 인도하시는 구역장님과 구역원들에게 은혜를 더하여 주시고 성령 충만하게 하여 주시옵소서. 저희 구역의 가족 중에 영육 간에 병든 자, 낙심한 자 모두 주의 능력으로 치유하여 주시고 세상에 찌들려 억압을 받으며 자유를 잃은 구역원들에게도 평안과 용기와 힘을 주셔서 굳건히 이겨 나가도록 복을 허락하여 주옵소서.

"내 영혼아 네가 어찌하여 낙망하며 어찌하여 내 속에서 불안하여 하는고 너는 하나님을 바라라" (시 42:5).

이 말씀을 믿고 나아갑니다. 온 세상을 창조하신 위대한 하나님을 믿고 나아갑니다. 내딛는 발걸음에 힘을 주시고 앞을 바라보는 가슴에 용기를 주옵소서. 복에 복을 더하실 하나님을 기대하며 담대히 나아가오니 함께하여 주옵소서.

예수 그리스도의 이름으로 기도합니다. 아멘

22주 주님께 찬양을 드립니다

"여호와께서 내 음성과 내 간구를 들으시므로 내가 그를 사랑하는도다" (시 116:1)

찬양을 받으시기에 합당하신 하나님 아버지!
저희 구역 식구들의 마음과 뜻과 정성을 다하여 주님께 찬양과 경배를 드립니다.
이 시간, 예배를 통하여 저희들을 정결케 하시고, 주님만 따르기로 새롭게 다짐하는 귀한 시간이 되게 하여 주옵소서.
은혜의 주님!
저희는 주님의 은혜의 풍성함에도 불구하고 늘 넘어지며, 주님의 뜻을 잊고 살아갑니다. 주님께서 저희들을 능력의 말씀으로 치료하여 주시고 강건하게 하여 주옵소서.
특별히 오늘 이 시간 저희들이 귀한 이 가정에 모여 하나님께 예배하며 교제할 수 있는 은혜를 허락하시니 감사합니다.
저희 구역을 위하여 수고하시는 권사(집사)님에

게 하나님의 은혜를 덧입혀 주셔서 구역원들을 위해 항상 힘쓰며 기도할 때에 피곤치 않게 하시고 주님을 더욱 의지하는 귀한 권사(집사)님이 되게 하옵소서.

오늘 구역예배에 참석하지 못한 가정도 있습니다. 주님께서 돌보아 주셔서 어디서 무엇을 하든지 주님을 기쁘시게 하며, 세상을 화평케 하는 귀한 종들이 되게 하옵소서.

이 시간, 말씀을 듣습니다. 하늘의 신령한 은혜를 내려 주시옵소서. 감사와 찬양 가운데 여호와의 영광이 임하는 예배가 되게 하시어서 하늘 문이 열리고 주의 음성을 듣는 시간이 되게 하여 주옵소서. 말씀 중에 십자가 구속의 진리를 깨닫게 하시고 폭포수와 같은 하나님의 은혜를 체험하는 시간이 되게 하여 주옵소서.

예배를 인도하는 인도자에게 진리의 성령이 함께하셔서 지혜와 사랑의 말씀을 선포하도록 허락하여 주옵소서.

예수 그리스도의 이름으로 기도드립니다. 아멘

23주 진리를 좇아 살게 하옵소서

"그는 공의와 정의를 사랑하심이여 세상에는 여호와의 인자하심이 충만하도다"(시 33:5)

경배와 찬양을 받으시기에 합당하신 하나님 아버지!
이 시간 저희들의 마음과 뜻과 정성을 다하여 주님께 찬양과 경배를 드립니다. 주일을 보내고 이 시간까지 주께서 저희의 삶을 평안함으로 인도하여 주시니 오늘 구역예배를 감사로 드립니다. 이 시간 성령님께서 임재하셔서 능력으로 채우시고 기쁨으로 충만하게 하여 주옵소서.
저희는 지난주, 목사님을 통해 주신 말씀을 가지고 살기보다는 저희의 마음대로 지내왔음을 고백합니다. 주님이 기뻐하시는 진리의 말씀을 좇아 살기보다는 세속적인 것을 좋아하며 물질적으로 살았던 저희들을 용서하여 주옵소서.
이 시간, 이 자리에 오셔서 저희를 정결케 하시고 주님의 보혈로 깨끗하게 씻겨 주옵소서. 또한 주님만 따르기로 다짐하는 시간이 되게 하여 주시고 은혜와 능력으로 충만하게 하여 주옵소서. 언제나 진리의 말씀을 가슴에 새기고 주님의 길을 좇아 살아가기를 원하오니 저희의 마음과 귀를 열어 주옵소서.

오늘 귀한 가정에서 모여, 하나님께 예배하며 교제할 수 있는 은혜를 허락하여 주심을 감사드립니다. 주님께서 이 가정에 필요한 은혜를 내려 주시고, 이 가정을 살피시고 불꽃 같은 눈동자로 항상 지켜 주옵소서.

병들어 신음하는 성도가 있습니다. 찾아 주셔서 은혜를 주시고 능력으로 치유하여 주옵소서. 공부하는 자녀들에게는 지혜를 주시고, 취업을 준비하는 자녀들에게는 예비된 직장을 허락하여 주옵소서.

오늘 구역예배에 참여한 저희에게 은혜를 주시고 말씀을 받을 때 아멘으로 화답하게 하옵소서. 거룩하신 예수 그리스도의 이름으로 기도합니다. 아멘

24주 은혜 받기 원합니다

"여호와여 돌아와 나의 영혼을 건지시며 주의 사랑으로 나를 구원하소서"(시 6:4)

서로 섬기며 사랑하게 하신 하나님!
오늘 구역원들이 둘러앉아 예배드리게 됨을 진심으로 감사드립니다. 모든 구역원들에게 하나님을 온전히 아는 지혜를 허락하시고 은혜 받게 하시기를 원합니다.
사랑의 하나님!
저희들은 세상을 살면서 힘없고 나약하고 초라하여 주님께서 함께하여 주시지 않으면 언제나 넘어지고 실패합니다. 때로는 저희의 무능함 때문에, 때로는 저희의 부족함 때문에, 때로는 저희의 교만함 때문에 저희는 좌절하고 주저앉습니다.
능력의 하나님.
하나님의 능력과 사랑과 지혜로 세상을 살기 원합니다. 저희는 부족하오니 풍성하신 하나님으로 힘입고 승리하기를 원합니다. 주께서 주시는 능력으로 허락하신 세상을 넉넉히 이겨내며 살기 원합니다. 함께하셔서 하늘의 은혜로 충만케 하여 주옵소서.

채우시는 주님!

저희 구역이 복된 구역이 되게 하여 주시고 구역이 부흥하게 하여 주옵소서. 저희 구역도 저희와 같이 믿음도 부족하고, 열정도 미약하고, 사랑도 모자랍니다. 이 시간 오셔서 저희들을 축복하여 주시고 복에 복을 더하여 주옵소서. 저희 구역에 충만한 은혜를 허락하셔서 하나님의 아름다운 일들을 잘 감당할 수 있도록 인도하여 주시기를 간절히 기도합니다.

오늘 구역 식구들이 모여 예배를 드리고 있습니다. 이 예배를 통해 하나님께서 원하시고 기뻐하시는 것이 무엇인지 깨닫게 하시고, 성령님의 역사하심 속에 거하는 저희가 되게 하여 주옵소서. 살아 계신 주 예수 그리스도의 이름으로 기도합니다. 아멘

25주 교회가 성장하게 하소서

"그러므로 스스로 조심하여 너희의 하나님 여호와를 사랑하라"(수 23:11)

소망이시며 생명이신 하나님 아버지!
이 시간 구역예배로 주님께 영광을 돌릴 수 있도록 인도하여 주시니 감사합니다. 주님께서는 저희들을 택하시고 보호하시고 지켜 주셨지만, 저희는 주님의 뜻을 깨닫지 못하고 죄악 가운데 살았습니다.
지난 시간, 때로는 넘어져 방황했으며, 때로는 주님의 뜻을 저버리고 살았습니다. 이 시간 주 앞에 겸손히 고백하오니 은혜로우신 사랑으로 용서하여 주옵소서.
사랑의 하나님 아버지!
저희 구역이 인정받는 구역이 되게 하시고, 사랑과 평화가 끊임없이 돋아나게 하여 주옵소서. 구역 식구들의 마음을 하나로 묶어 주셔서 하나되게 하시고, 성령 충만하게 하여 주옵소서.

이 시간 여러 가지 처지와 환경에 따라 출타해 있는 구역원들이 있으니 어느 곳에 있든지 굳건한 믿음으로 살게 하셔서 기쁨의 소식이 들려오게 하여 주옵소서.

하나님 아버지!

저희 교회에 속한 모든 구역을 지키셔서 주님께 영광 돌리며 교회를 열심히 섬기는 구역들이 되게 하옵소서. 한 구역이라도 실족함 없게 하시고 부흥을 꿈꾸는 모든 구역마다 늘 분발하여 만나는 사람마다 주의 복음을 전하는 열심을 낼 수 있도록 도와주옵소서.

"추수할 것은 많되 일꾼은 적으니 그러므로 추수하는 주인에게 청하여 추수할 일꾼들을 보내어 주소서 하라"(마 9:37-38)고 말씀하셨으니 저희 구역에 일꾼을 보내 주시옵소서. 주님이 보내주신 일꾼으로 저희 교회가 더욱 부흥, 성장하게 하시고 교역자들에게도 늘 새 힘과 능력을 허락하여 주옵소서. 거룩하신 예수 그리스도 이름으로 기도합니다. 아멘

 기도하는 제목마다 응답 받게 하옵소서

"너를 축복하는 자에게는 내가 복을 내리고 너를 저주하는 자에게는 내가 저주하리니 땅의 모든 족속이 너로 말미암아 복을 얻을 것이라 하신지라"(창 12:3)

자비로우신 하나님 아버지!

지난 한 주간도 저희들을 지켜 보호하시고, 오늘 이렇게 주님의 백성들이 함께 모여 찬양을 드리며 예배할 수 있도록 이끌어 주신 은혜를 감사드립니다.

주님께서는 저희들을 택하여 주시고 오늘날까지 보호하시고 지켜 주셨지만 저희들은 주님의 뜻을 깨닫지 못하고 죄악 가운데 살았습니다. 또한 믿음이 적어 시시때때로 낙망하며 좌절하며 살기도 했습니다.

은혜로우신 주님.

주님께서 저희를 불쌍히 여기셔서 죄 가운데서 구원해 주시고 충성된 삶을 살 수 있도록 도와주옵소서. 연약한 마음도 주의 사랑과 은혜 가운데

강하게 연단되게 하시고 이제는 승리의 기쁜 소식을 전하며 주와 함께 기뻐할 수 있도록 도와주옵소서.

이 시간 저희 구역을 위해서 기도합니다. 저희 구역이 하나님께 인정받는 구역이 되게 하시고, 사랑과 은혜가 충만하게 하여 주옵소서. 구역 식구들의 마음이 하나 되게 하시고 성령으로 무장된 하나님의 군대가 되게 하여 주옵소서.

저희 구역의 가정들을 하나님께서 붙잡아 주시어서 시험에 든 가정이 없게 하시고, 믿다가 낙심한 가정도 없게 하시며, 병든 성도가 없게 하여 주옵소서. 취직을 못하는 성도가 없게 하시고 절망하는 성도가 없게 하여 주옵소서.

주님께 간절히 구할 때마다 은혜 속에서 응답 받게 하여 주시고 찬송과 기쁨이 넘치는 구역이 되도록 인도하여 주옵소서. 이웃들이 이런 모습을 보며 하나님의 전능하심을 깨닫는 은혜도 허락하여 주옵소서. 감사드리며 거룩하신 예수 그리스도의 이름으로 기도드립니다. 아멘

27주 사귐과 치유와 교제를 주옵소서

> "주께 피하는 자들을 그 일어나 치는 자들에게서 오른손으로 구원하시는 주여 주의 기이한 사랑을 나타내소서"(시 17:7)

사랑과 은혜가 많으신 아버지 하나님!
오늘 이 시간 저희들을 구역예배로 불러 주시고, 하나님께 경배와 찬양을 드리게 하심을 감사드립니다. 하나님께서 만세 전에 저희를 택하시고 영원한 생명을 주시며 하나님의 자녀로 삼아 주셨는데, 저희들은 세상에서 주님의 자녀답게 살지 못하였음을 이 시간 고백합니다.

깨지고 상한 심령으로 오늘 이 자리에 나아왔사오니, 주께서 치료해 주시고 싸매시고, 회복시켜 주옵소서.

오늘 드리는 예배를 축복하셔서 성령 충만한 시간이 되게 하시고 하나님의 자녀들이 말씀을 통하여 새 힘을 얻고, 찬양을 통하여 감사를 회복하며, 기도를 통하여 하나님의 음성을 듣는 귀한 시간이 되도록 은혜를 베풀어 주옵소서.

이 시간, 저희들이 주님과의 거룩한 사귐이 있게 하셔서 저희가 가지고 나온 기도의 제목들이 감사의 제목들로 바뀌는 놀라운 은혜의 시간이 되기를 원합니다.

육신의 병으로 고통 받는 자들에게는 치료의 손길로 나음을 받게 하여 주시고, 경제적인 어려움 속에 처한 성도는 회복의 은혜를 만나게 하여 주시고, 깨어진 관계로 마음이 상한 자들에게는 위로와 사랑으로 함께하여 주옵소서.

오늘 예배를 인도하는 구역장에게 은혜를 허락하셔서 믿음의 선봉장이 되게 하시고, 구역예배에 참여한 저희들도 귀한 일꾼으로 쓰임 받게 하시며, 모두 능력 있는 주의 자녀들이 되게 하여 주옵소서.

연약한 저희를 긍휼히 여기시고 저희의 삶을 받아 주옵소서.

늘 새롭게 하시는 예수 그리스도의 이름으로 기도드립니다. 아멘

 정결함으로 채워 주옵소서

"여호와께서 정의를 사랑하시고 그의 성도를 버리지 아니하심 이로다 그들은 영원히 보호를 받으나 악인의 자손은 끊어지리 로다"(시 37:28)

사랑과 은혜가 풍성하신 하나님 아버지!
저희가 하나님께 나아갈 수 있도록 구역예배로 인도하여 주시니 감사드립니다.
오늘 이곳에 하나님의 사랑을 받는 성도들이 모여 예배를 드리오니 홀로 영광 받으시옵소서.
거룩하신 하나님.
저희가 살아가는 가운데 욕심과 정욕으로 하나님을 기쁘시게 하지 못하고 세상의 원칙을 따르려 했던 모습을 고백합니다. 날마다 성경을 보고 기도를 하지만 그래도 마음에 솟아오르는 세상적인 욕심들을 이겨내지 못할 때가 많습니다.
주님, 욕심 앞에 연약한 저희를 용서하시고, 세상의 모든 것이 하나님의 손 안에 있음을 다시 되새기게 하셔서 주만 따르게 하옵소서.
추하고 혼탁한 저희 마음속에 정결함을 창조하

여 주시고 아버지의 사랑과 지혜를 따를 수 있도록 은혜를 허락하여 주옵소서.

선과 악을 분별하여 죄를 다스리는 결단을 선택하게 하시고 하나님의 의를 구하고 따르는 용기도 허락하여 주옵소서.

말씀으로 함께하시는 하나님.

저희를 불쌍히 여기시고 말씀을 통하여 힘을 주시고, 성령으로 새 힘을 공급하셔서 하나님의 백성으로 살아가기에 조금도 부족함이 없도록 도와주옵소서.

오늘도 함께 모여 말씀을 듣고 기도하며 하나님을 예배합니다. 살아 있는 말씀으로 저희에게 다가오셔서 혼과 영과 관절과 골수를 찔러 쪼개시며 저희 마음을 판단하셔서 바른 길을 보여주옵소서. 아픔이 있어도 주의 말씀만 좇게 하시고 죄를 버리고 정결함 속에서 용서와 치유와 회복을 누리며 나아갈 수 있도록 도와주옵소서.

저희를 사랑하시는 예수 그리스도의 이름으로 기도합니다. 아멘

 주님! 붙들어 주옵소서

> "너희가 일찍이 일어나고 늦게 누우며 수고의 떡을 먹음이 헛되도다. 그러므로 여호와께서 그의 사랑하시는 자에게는 잠을 주시는도다"(시 127:2)

사랑과 은혜가 풍성하신 하나님 아버지!
한 주간 동안 저희를 눈동자같이 지켜 주셔서 이 복된 자리에 나오게 하심을 감사드립니다.
죄 가운데 살던 저희를 택해 주시고 하나님의 자녀 삼아 주신 은혜에 감사드립니다.
저희를 용서하시는 하나님.
저희들의 삶을 돌아보건대 하나님의 손길을 입지 않고서는 살 수 없는 연약한 존재임을 고백합니다. 그러나 약할 때, 강함을 주시는 주님의 말씀을 믿음으로 붙드오니 저희를 하나님의 오른팔로 붙들어 주옵소서.
오늘 이 시간에도 저희의 연약함을 도우시는 성령님의 역사가 일어나게 하셔서 저희들이 강하고 담대한 믿음을 가지고 승리하게 하여 주옵소서.

저희의 영과 혼과 육을 성령님께서 어루만져 주시어서 주님의 말씀으로 치유 받게 하여 주시고 구역 안에 병마와 고통과 시험 등으로 힘들어하는 성도들이 있사오니 성령께서 위로하시고 도와주옵소서.

주님이 함께하신다는 확신을 허락하셔서 모든 어려움을 믿음으로 이기게 하시고 담대함으로 나아가게 하여 주옵소서. 하나님이 베푸신 은혜 안에서 새로운 소망을 갖기 원합니다.

이 시간 드리는 구역예배 위에 성령님의 운행의 역사가 있게 하시고, 말씀 전하시는 구역장에게 성령의 강한 역사가 나타나게 하여 주옵소서. 말씀을 듣는 저희들이 선포되는 말씀에 아멘으로 화답하여 성령의 다스림을 받는 은혜를 누리게 하여 주옵소서.

날마다 저희들을 돌보시는 예수 그리스도의 이름으로 기도합니다. 아멘

30주 성령으로 새롭게 하옵소서

> "그러나 진리의 성령이 오시면 그가 너희를 모든 진리 가운데로 인도하시리니 그가 스스로 말하지 않고 오직 들은 것을 말하며 장래 일을 너희에게 알리시리라"(요 16:13)

전능하시고 자비로우신 하나님 아버지!
베풀어 주신 은혜에 감사를 드립니다. 오늘도 성령님의 은혜로 저희를 구역예배로 불러 주시고 인도하셔서 존귀와 영광과 찬송을 드리게 하시니 감사합니다.

이 시간 하나님의 뜻대로 살지 못하고 내 고집, 내 뜻대로 살면서 세상 유혹에 끌려 하나님의 영광을 가리고 살았던 연약함과 어리석음을 고백합니다. 저희를 정결하게 하시고 성령님의 은혜로 새롭게 하여 주옵소서.

이 시간, 주의 자녀들이 사업의 문제, 직장의 문제, 가정의 문제, 금전적인 문제, 육신의 문제, 질병의 문제를 가지고 주님 앞에 나왔습니다. 이 문제들이 오히려 주님을 사랑하는 기회가 되게 하시고, 주님을 만나는 계기가 되게 하셔서 낙심한 자들에게는 소망을 주시고, 병든 자는 치료하심의 은혜를, 문제 있는 자는 해결을 받는 시간이 되게 하여 주옵소서.
저희의 기도를 들으시는 주님.
오직 성령께서 강하게 역사하시고 불로 태우셔서 영과 육과 몸이 강건하게 하여 주옵소서. 이 시간 믿음으로 간구하는 기도를 들어 주시고, 하나님의 은혜를 풍성하게 체험하는 구역예배가 되게 하여 주옵소서.
성령님께서 이 시간 말씀을 사모하는 심령들에게 은혜를 부어 주시고 새롭게 하여 주시어서, 드리는 예배를 통하여 하나님을 만나고, 증인으로서의 삶을 살아가는 데 부족함 없도록 축복하여 주옵소서.
또한 믿음의 역사와 사랑의 수고와 주님께 대한 소망의 인내가 풍성하여 날마다 믿는 자가 많아지게 하여 주옵소서.
사랑이 많으신 예수 그리스도의 이름으로 기도드립니다. 아멘

31주 영혼을 돌보심의 은혜를 주옵소서

> "내 심령에 이르기를 여호와는 나의 기업이시니 그러므로 내가 그를 바라리라 하도다. 기다리는 자들에게나 구하는 영혼들에게 여호와는 선하시도다"(애 3:24)

사랑과 은혜가 풍성하신 하나님 아버지!
저희로 주님 앞에 나와 구역예배를 드리게 하시니 감사합니다. 이 시간 저희 마음에 회개의 영을 부어 주셔서 죄악으로 더럽혀진 심령을 깨끗하게 씻어 주시고 정결한 영혼이 되게 하여 주옵소서.
구역예배를 통하여 저희 마음에 기쁨과 감사와 평안과 찬양이 넘쳐나게 해 주시고, 천국의 비밀도 맛보아 알게 하시며 하나님 나라의 지경이 저희를 통하여 확장되는 역사가 이루어지게 하여 주옵소서.
오늘 선포되는 말씀 가운데 주님의 음성을 들을 수 있도록 귀를 열어 주시고 성령님께서 함께하셔서 은혜가 충만한 시간이 되게 해 주옵소서.

하나님 아버지!

이 시간을 통해 기쁨으로 주님께 예배 드리는 삶을 허락하시고, 영혼을 돌보시어 풍성한 은혜를 누리는 인생이 되게 하여 주옵소서. 또한 변화를 체험하는 예배가 되게 하셔서 저희의 연약함이 강건함으로, 우둔함이 지혜로움으로 변화되게 하여 주옵소서.

예배를 통해 주님의 피 묻은 십자가를 더욱 힘있게 붙들게 하시고, 가난한 자들과 병든 자들이 위로를 받고 많은 영혼들이 주님께로 돌아올 수 있도록 인도하여 주옵소서.

구역예배의 모든 순서 위에 함께하셔서 성령 충만하게 하시고 능력의 시간이 되게 하여 주시옵소서.

저희들 예배를 마치고 가정으로 돌아가서 빛과 소금의 역할을 온전히 감당할 수 있는 일꾼들이 되게 하여 주옵소서.

살아 계셔서 저희와 동행하시는 예수 그리스도의 이름으로 기도드립니다. 아멘

 적은 일에도 은혜를 주옵소서
(여름 행사)

"또 여호와를 기뻐하라 저가 네 마음의 소원을 이루어 주시리로다 너의 길을 여호와께 맡기라 저를 의지하면 저가 이루시고 네 의를 빛같이 나타내시며 네 공의를 정오의 빛같이 하시리로다" (시 37:4-6)

사랑이 많으신 하나님!
이 시간 전능하신 주님을 찬양합니다. 또한 이 땅의 과부와 고아들을 사랑하시고 약자를 보호하기를 원하시는 주님의 긍휼에 감사드립니다. 그러나 저희는 세상 욕심과 이기주의에 빠져 저희 자신만 위로 받기를 바라며 살아왔습니다. 이제 저희의 마음을 열어 하나님의 형상을 이루며 살아가기를 원하오니 저희 것을 나누어 줄 수 있는 믿음을 허락하여 주옵소서.
기쁠 때 감사하지 못하고 슬플 때 기도하지 않으며, 편리한 삶과 타협하며 적당히 살아왔음 또한 고백하오니 주의 크신 사랑으로 저희를 품어 주시고 용서하여 주옵소서. 저희의 주홍같이 붉은 죄가 흰 눈같이 씻겨지기를 간절히 바랍니다.
사랑의 주님!
이 시간 교회의 여름 행사를 위해 기도합니다. 수련회를 진행 중인 학생회와 청년회, 그리고 여름성경학교로 모인 어린이들을 기억하시고 인생의 가장 소중한 시절을 주님과 함께 뜨겁게 보낼 수 있도록 축복하여 주옵소서. 각 담당 교역자와 교사들과 지원하는 성도들에게도 큰 은혜를 허락하시어 가슴 벅찬 주님의 말씀과 성령의 역사가 일어나도록 한 마음으로 기도하고 준비하게 하여 주옵소서. 여름 행사를 통해 저희 교회의 모든 기관들이 새롭게 거듭나며 더욱 뜨거운 복음의 일꾼이 되기를 간절히 간구합니다.

오늘 말씀을 전하시는 구역장님께 함께하셔서 성령 충만한 가운데 능력의 말씀이 선포되어 큰 감동이 있게 하여 주시고 저희 모두 아멘으로 화답하게 하옵소서.

모든 것을 주께 맡기며 예수 그리스도의 이름으로 기도드립니다. 아멘

 예배를 통해 회복하소서

> "이를 위하여 너희가 부르심을 입었으니 그리스도도 너희를 위하여 고난을 받으사 너희에게 본을 끼쳐 그 자취를 따라오게 하려 하셨느니라 …이는 저희로 죄에 대하여 죽고 의에 대하여 살게 하려 하심이라 저가 채찍에 맞음으로 너희는 나음을 얻었나니"(벧전 2:21-24)

사랑과 은혜가 많으신 아버지 하나님!
오늘 이 시간 저희를 구역예배로 불러 주시고, 함께 예배드리게 하시니 감사합니다.
죄로 죽어야만 했던 저희를 사랑으로 택하여 주시고 영원한 생명을 허락하시며 하나님의 자녀로 삼아 주심을 감사드립니다. 그러나 저희들은 세상에서 하나님의 자녀답게 살지 못하였음을 이 시간 고백합니다. 오히려 깨지고 상한 심령으로 오늘 예배에 왔으니, 주께서 치료해 주시고 싸매시고 회복시켜 주옵소서.
은혜의 주님.
오늘 드리는 구역예배 속에서 저희를 향해 말씀하시는 하나님을 깨닫기를 원합니다. 축복해 주시어서 성령 충만한 시간이 되게 하여 주옵소서.

하나님 앞에 저희의 어리석음과 교만과 연약함을 내려 놓습니다. 주께서 은혜를 통해 지혜로운 승리자가 될 수 있도록 변화시켜 주옵소서.
저희 구역 식구들 중에 아픈 가슴을 안고 이 자리에 참석한 성도가 있습니다. 주께서는 그의 사정을 모두 아시오니 위로하시고 치유하시는 은혜를 베풀어 주옵소서.
오늘 예배 가운데 말씀을 통해 새 힘을 얻고, 찬양을 통해 감사를 회복하며, 기도를 통해 하나님의 인도하심을 깨닫는 귀한 체험을 하게 하여 주옵소서.
살아가다 보면 언제든 고난을 만날 수 있으나 하나님 안에 있는 한 결코 그것이 실패가 될 수 없음을 깨달아 믿음을 포기하지 않게 하시고, 더욱 굳건한 신앙으로 다져질 수 있도록 도와주옵소서.
모든 것을 아시고 도우시는 사랑이 많으신 예수 그리스도의 이름으로 기도드립니다. 아멘

 사랑과 교제를 회복하소서

> "아버지께 참으로 예배하는 자들은 신령과 진정으로 예배할 때가 오나니 곧 이 때라 아버지께서는 이렇게 자기에게 예배하는 자들을 찾으시느니라. 하나님은 영이시니 예배하는 자가 신령과 진정으로 예배할지니라"(요 4:23-24)

사랑과 능력이 많으신 하나님!
저희를 사랑하셔서 늘 살피시고, 잠시라도 잘못된 길로 다닐까 염려하시며, 모든 여건과 환경을 조성하시고 섭리하시는 하나님께 감사드립니다. 저희를 사랑하셔서 십자가에 자신의 몸을 바쳐 하나님과 저희 사이의 가로막힌 담을 허무시고 저희가 하나님께 나아갈 수 있도록 인도하여 주심 또한 감사드립니다.

성령께서 친히 저희와 함께하셔서 여러 상황 속에서도 힘과 용기를 주시니 날마다 새로운 힘을 얻고 믿음의 길로 나아갑니다.

은혜로우신 하나님.
오늘 사랑하는 가정에서 구역예배로 성도들이 모여서 예배하오니 인도하여 주시고 죄악의 세상에서 욕심과 정욕으로 인하여 하나님을 기쁘시게 해 드리지 못하고 내 욕심대로 살았던 어리석은 죄악들을 예수님의 거룩하신 보혈로 씻어 주옵소서.

하나님 아버지!

저희들을 불쌍히 여기셔서 이 시간에도 선포되는 말씀을 통하여 용기를 주시고 새 힘을 공급하셔서 하나님의 백성으로서 살아가기에 부족함이 없도록 도와주옵소서. 저희가 말씀을 들을 때 성령의 감동하심으로 심령이 뜨거워지고 더러운 죄악이 불태워지며, 상처가 치유되는 역사가 일어나게 하여 주옵소서. 또한 저희 속에 있는 욕심과 교만을 회개하게 하시고 하나님께서 원하시는 사랑과 교제를 회복할 수 있도록 인도하여 주옵소서. 말씀 한 절 한 절을 통해 가슴이 찔리고 은혜를 받아 그리스도의 모습을 닮아가게 하여 주옵소서.

우리를 위해 십자가에서 친히 죽으시고 부활하신 예수 그리스도의 이름으로 기도합니다. 아멘

35주 주님만을 섬기게 하소서

"열방 중에서 피난한 자들아 너희는 모여 오라 한가지로 가까이 나아오라 나무 우상을 가지고 다니며 능히 구원치 못하는 신에게 기도하는 자들은 무지한 자니라 너희는 고하며 진술하고 또 피차 상의하여 보라 이 일을 이전부터 보인 자가 누구냐 예로부터 고한 자가 누구냐 나 여호와가 아니냐 나 외에 다른 신이 없나니 나는 공의를 행하며 구원을 베푸는 하나님이라 나 외에 다른 이가 없느니라"(사 45:20-21)

사랑과 은혜가 풍성하신 하나님 아버지!
어제나 오늘이나 변함없이 저희를 눈동자같이 지켜 주시고 오늘 이 복된 구역예배에 나오게 하심을 감사드립니다.
하나님 아버지의 은혜는 언제나 동일하신데 저희는 날마다, 시간마다 마음이 바뀌어 유혹과 죄에 넘어집니다. 연약하고 부족한 저희 모습을 고백하오니 주의 크신 사랑으로 용서하여 주옵소서. 주님의 손길이 한시라도 끊어지면 하나님의 자녀 된 모습은 어디서도 찾아볼 수 없습니다. 성령을 통해 시시때때로 깨닫게 하시고 말씀하심에 귀 기울이게 하여 주옵소서.
오늘 이 시간에도, 저희의 연약함을 도우시는 성

령의 역사가 일어나게 하셔서 예배드리는 내내 은혜 가운데 거하게 하여 주옵소서.

저희의 교만과 연약함과 추악한 모습을 말씀을 통해 비쳐 보게 하시고 진정 벌레보다 못한 인생들임을 깨달아 저희를 사랑하시는 하나님의 사랑이 얼마나 큰지 알게 하여 주옵소서.

세상에 살면서 언제나 하나님을 바라보아야 하지만 저희는 눈앞의 이익만을 좇고 있습니다. 세상을 다스리시는 하나님의 계획과 뜻은 관심조차 없습니다.

은혜로우신 하나님.

저희에게 영안을 허락하셔서 헛된 욕망을 기도하다가 하나님을 원망하는 어리석음을 버리게 하시고 하나님의 뜻과 의를 구하게 하여 주옵소서. 오직 주님만이 하나님이심을 고백하고 섬기게 하여 주옵소서.

예배 가운데 임재하심을 믿으며 저희를 돌보시는 예수 그리스도의 이름으로 기도합니다. 아멘

 성령의 능력으로 새롭게 하여 주옵소서

> "너희는 귀를 기울이고 내게 나아와 들으라 그리하면 너희 영혼이 살리라 내가 너희에게 영원한 언약을 세저희니 곧 다윗에게 허락한 확실한 은혜니라 내가 그를 만민에게 증거로 세웠고 만민의 인도자와 명령자를 삼았나니 네가 알지 못하는 나라를 부를 것이며 너를 알지 못하는 나라가 네게 달려올 것은 나 여호와 네 하나님 곧 이스라엘의 거룩한 자를 인함이니라. 내가 너를 영화롭게 하였느니라"(사 55:3-5)

자비로우신 하나님 아버지!

날마다 베풀어 주신 은혜를 감사합니다. 성령님의 은혜로 저희를 불러 주시고 인도하셔서 구역예배의 귀한 자리에서 하나님께 존귀와 영광의 찬양을 드리게 하시니 감사합니다.

용서의 주님!

이 시간 저희의 살아온 모습을 돌아보며 정결치 못하고 구별되지 못한 모습을 예수 그리스도의 보혈로 씻어 주시기를 간절히 원하오니 은혜를 베풀어 주옵소서.

예배를 드리는 자리임에도 미리 준비하지 못하고 허겁지겁 시간을 넘기며 겨우 자리에 앉았습니다. 저희 가슴에 하나님을 만나는 기쁨과 감격이 사라지고 있음을 고백하지 않을 수 없습니다. 주여, 용서하여 주옵소서.

하나님 아버지.

이 시간 예배를 통해 선포되는 말씀으로 저희의 모습을 깨닫고 가슴을 치며 회개하여 하나님이 원하시는 모습으로 변화되게 하여 주옵소서. 어리석은 저희를 인도하셔서 거짓과 위선의 길에 서 있지 않게 하시고 하나님을 섬기는 진실과 은혜의 자리에 거하게 하여 주옵소서. 성령의 능력으로 저희를 새롭게 하여 주옵소서.

은혜의 하나님.

이 시간 말씀을 준비한 구역장에게 함께하셔서 은혜롭고 능력 있는 하나님의 말씀을 담대히 선포하게 하시고 저희 모두 아멘으로 받아 가슴에 새기고 세상을 이길 힘을 얻게 하여 주옵소서. 장소를 제공한 손길에도 은혜를 허락하셔서 변함없는 복이 임하게 하여 주옵소서.

예수 그리스도의 이름으로 기도드립니다. 아멘

37주 하나님을 온전히 의지하게 하옵소서

"이 날은 여호와의 정하신 것이라 이 날에 저희가 즐거워하고 기뻐하리로다"(시 118:24)

늘 승리를 저희에게 주시는 하나님 아버지!
지금도 저희를 붙잡고 계신 것을 믿고 감사드립니다.
오늘 정해진 시간에 하나님께 나와서 구역예배를 드립니다. 이곳에 모인 우리 구역 식구들에게 함께하셔서 오직 하나님께만 예배하며 찬양하게 도와주옵소서.
능력의 하나님.
오늘도 사랑하는 성도들이 주님 앞에 많은 기도제목을 가지고 나왔습니다.
하나님께서 이 시간 임재하셔서 아픈 마음이 있거든 위로해 주시고, 상처 받은 심령들은 치료해 주시어서 영과 육이 모두 강건하게 되기를 원하오니 응답하여 주옵소서.

저희는 하나님을 믿는다고 말은 하지만 실제 삶은 그렇지 못함을 인정하며 고백합니다. 삶의 문제가 저희 앞을 가로막으면 하늘을 바라보아야 하는 눈이 사람들에게로 가고 수단과 방법을 찾아 헤맵니다. 늘 어리석음을 고백하지만 실상은 교만하기 그지없습니다.

모든 것을 아시는 하나님.

저희에게 온전한 믿음을 허락하여 주옵소서. 당장 저희가 원하는 대로 이루어지지 않더라도 하나님의 뜻이 있음을 알게 하시고 기다리게 하옵소서.

세상의 원리로 살며 지혜롭다 하지 않게 하시고 우둔해 보여도 하나님을 우직하게 믿는 믿음의 사람들이 되게 하여 주옵소서.

이 시간 말씀을 듣고 기도할 때 성령께서 저희의 영을 깨우시고 어제나 오늘이나 영원토록 동일하신 하나님을 온전히 의지하게 하여 주옵소서.

전능하신 예수 그리스도 이름으로 기도합니다. 아멘

38주 당당한 그리스도인이 되게 하옵소서

> "찬양하라 하나님을 찬양하라 찬양하라 저희 왕을 찬양하라 하나님은 온 땅에 왕이심이라 지혜의 시로 찬양할지어다 하나님이 열방을 치리하시며 하나님이 그 거룩한 보좌에 앉으셨도다"
> (시 47:6-8)

은혜로우신 하나님 아버지!
주님께 영광과 찬양을 돌리며 구역예배를 드릴 수 있도록 인도하신 은혜를 감사합니다. 또한 사랑하는 집사님 댁으로 모이게 하시고 능력의 말씀 안에서 서로 사랑하며 교제하게 하시니 감사드립니다.

하나님 아버지.
저희는 죄와 허물과 연약한 믿음과 육체의 욕심으로 온전히 주님의 뜻을 따르지 못하고 살았습니다. 언제나 그것 때문에 양심의 가책이 되고 마음이 찔리며 괴로웠습니다.

주님, 이제는 주님의 뜻을 순종하여 따르는 저희가 되게 하여 주옵소서. 은혜를 말하고 복음을 증거하며 사람들 앞에 당당하게 예수 믿는 사람으로 설 수 있도록 도와주옵소서. 저희의 삶이 믿지 않는 사람과 구분되지 못해서 예수 믿는다고 차마 말하지 못하는 일이 이제는 끝나게 하여 주옵소서. 성결한 삶을 살지 못했어도 좌절하지 않고 주 앞에 잘못을 고백하고 회개하며 다시 돌이켜 하나님께로 향하는 용기를 갖게 도와주옵소서.

능력의 하나님.

오늘 예배에서 말씀을 전하는 구역장님에게 성령 충만을 허락하셔서 능력의 말씀을 선포할 수 있도록 도와주옵소서. 또한 저희 마음을 열어 주셔서 은혜의 말씀을 가슴으로 듣게 하시고 삶을 변화시키는 능력의 열매를 맺을 수 있게 하여 주옵소서. 오늘 드리는 구역예배에 함께하시고 예배를 통해 받은 은혜로 주께 영광 돌리며 찬양하게 하여 주옵소서.

저희를 사랑하시며 인도하시는 예수 그리스도 이름으로 기도합니다. 아멘

 약한 자들에게 힘을 주옵소서

> "내가 여호와께 청하였던 한 가지 일 곧 그것을 구하리니 곧 나로 내 생전에 여호와의 집에 거하여 여호와의 아름다움을 앙망하며 그 전에서 사모하게 하실 것이라"(시 27:4)

세상 만물을 새롭게 하시는 하나님 아버지!
오늘도 사랑하는 성도님 댁에 모여서 예배 드리며 찬양하게 하심을 감사합니다. 저희 몇 사람이 모여서 드리는 예배지만 "두세 사람이 내 이름으로 모인 곳에는 나도 그들 중에 있느니라"고 하신 말씀을 믿으며 온 마음과 정성으로 예배 드리오니 주님 홀로 영광 받아 주옵소서.
주님.
지난 한 주간도 저희의 삶은 죄 가운데 걸어온 삶이었음을 고백합니다. 늘 죄에 걸려 넘어지는 저희를 불쌍히 여기시고 용서하여 주시옵소서. 오늘 드리는 구역예배가 은혜로운 예배가 되게 하시고 말씀을 통해 다가오시는 주님을 만나는 축복의 시간이 되게 하여 주옵소서.
사랑의 하나님.

저희 가운데 약한 자들을 위하여 기도합니다. 질병으로 구역예배에 참여하지 못하는 성도들이 있습니다. 그들을 긍휼히 여겨 주시고, 어느 곳에 있든지 동일한 은혜를 내려 주셔서 하나님의 치유하심의 은혜를 체험케 하여 주옵소서.

믿음이 약해 이 자리에 나오지 못한 자들도 있습니다. 그들에게 저희가 주님의 사랑을 들고 먼저 다가서게 하시고 우물가의 여인과 이야기하셨던 주님을 기억하며 진정한 그의 필요는 복음이고 예수님이심을 전하게 하여 주옵소서.

또한 세상살이의 어려움으로 고통 중에 있는 성도들을 위해서 기도합니다. 주님의 위로가 가장 필요하오니 주께서 그들과 함께하여 주시고 그 아픔을 치유하여 주옵소서. 사랑으로 쓰다듬어 주셔서 따뜻한 주님의 품속에서 평안을 체험하게 하여 주옵소서.

오늘 예배에 함께하심을 믿고 예수 그리스도의 이름으로 기도합니다. 아멘

40주 치유와 회복의 은총을 주옵소서

"하나님은 영이시니 예배하는 자가 신령과 진정으로 예배할지니라"(요 4:24)

사랑과 위로의 하나님 아버지!
오늘도 저희를 인도하셔서 구역예배의 자리로 이끌어 주심을 감사드립니다.
저희 죄를 주 앞에 고백하며 거룩하신 하나님께 예배드리오니 영광 받으시옵소서.
능력이 많으신 하나님.
저희 구역이 하나님의 사랑을 전하는 일꾼의 사명을 감당하기를 원합니다. 은혜를 허락하셔서 이웃들과 지역사회에 선한 영향력을 미치는 빛과 소금의 역할을 하게 하옵소서.
이 시간, 어려움 속에 있는 성도들을 위하여 기도합니다. 복잡한 세상에서 마음의 상처로 어려움 당한 심령들이 너무나도 많습니다. 겉으로 알아볼 수는 없어도 가슴이 무너지며 우울의 늪에서 빠져나올 수 없어 괴로움을 당하고 있는 성도들입니다. 주께서 그들의 마음을 어루만져 주시고 위로하여 주심으로 마음이 치유되고 그들의 인생의 문제도 해결되는 역사가 일어나게 하여 주옵소서.

몸이 병든 성도들도 있습니다. 날마다 가족들이 병 낫기를 기도하며 하나님께 매달리고 있사오니 주께서 그들의 중심을 보시고 은총을 베풀어 사랑하는 가족을 떠나보내는 아픔을 겪지 않도록 치유하여 주옵소서.

오직 주님의 도우심과 임재만이 진정한 회복이요 치유가 되는 줄 믿사오니 주께서 그들과 함께 하셔서 싸매시고 고쳐 주시옵소서.

이 시간, 구역예배에 참석하지 못한 성도들이 있습니다. 그들의 마음에 하나님을 사모하는 열심을 허락하시고 십자가에서 피 흘려 죽으신 예수 그리스도를 기억하게 하여 주옵소서.

모든 것을 주님께 의탁하며 예수 그리스도의 이름으로 기도드립니다. 아멘

 겸손함 속에 예배를 사모하게 하옵소서

> "너희 목마른 자들아 물로 나아오라 돈 없는 자도 오라 너희는 와서 사 먹되 돈 없이 값없이 와서 포도주와 젖을 사라 너희가 어찌하여 양식 아닌 것을 위하여 은을 달아 주며 배부르게 못할 것을 위하여 수고하느냐 나를 청종하라 그리하면 너희가 좋은 것을 먹을 것이며 너희 마음이 기름진 것으로 즐거움을 얻으리라"(사 55:1-2)

저희 인생의 주인이 되시는 하나님 아버지!
이 예배의 시간에 오직 하나님 한 분만을 찬양하기 원합니다. 예배의 자리에서 돌이켜보니 주님을 잊고 세상 속에서 살았던 모든 일들이 헛된 것임을 다시금 깨닫게 됩니다. 주여, 저희의 어리석음과 죄를 용서하여 주옵소서.
입으로만, 머리로만 예수를 믿는다고 했던 모습들이 눈앞에 지나갑니다. 겸손한 척 교만했고, 위로하는 척 자랑했으며, 돕는 척 정죄했던 모습들이었습니다.
제가 변하지 못하고 제가 바로 서지 못했던 것인데 저만 옳다고 말하며 살아온 인생이었습니다.

은혜로우신 주님.

저희의 죄를 고백하오니 용서하여 주시옵소서. 가증스러운 위선의 모습으로 살았음도 고백합니다. 이토록 추악한 저희들에게 오직 주님만이 용서를 베푸실 수 있사오니 은혜를 허락하여 주옵소서.

세상을 살면서는 저희가 잘난 듯, 잘하는 듯 보이나 주 앞에 서면 하나도 자랑할 것이 없음을 봅니다.

하나님 아버지!

언제나 주 앞에 서 있음을 기억하게 하여 주옵소서. 무슨 일을 하더라도 주께 예배드리는 마음으로 하게 하옵소서.

주님의 사랑에 겸손으로 응답하게 하시고 모든 생활이 예배가 되게 하여 주옵소서. 유혹은 언제나 저희를 부르지만 성령의 은혜로 예배만 사모하게 하여 주옵소서.

사랑으로 저희를 다스리시는 예수 그리스도의 이름으로 기도합니다. 아멘

42주 예수님의 보혈로 씻어 주옵소서

"그가 저희를 흑암의 권세에서 건져내사 그의 사랑의 아들의 나라로 옮기셨으니 그 아들 안에서 저희가 구속 곧 죄 사함을 얻었도다"(골 1:13-14)

저희의 모든 죄를 예수 그리스도의 피로 씻어 주시고 아들 삼아 주심을 감사합니다.
구원받은 하나님의 자녀들이 모여 구역예배를 드리오니 저희의 찬양과 기도를 받으시고 영광으로 임하셔서 은혜 가운데 충만케 하여 주옵소서.
자비로우신 주님.
마음의 상처와 삶의 어려움으로 힘들어하는 형제자매들을 위로하여 주시고 질병으로 고통 받는 가족들을 치료하여 주옵소서.
아직도 하나님을 알지 못하는 가족들을 긍휼히 여기셔서 그들에게도 주님을 알 수 있도록 은혜를 베풀어 주시고 예수님을 영접하게 하여 주옵소서.

이 시간, 저희들이 세상을 살면서 헝클어진 마음과 가정의 근심과 사업의 고통, 이웃 간의 상한 마음, 가족의 질병, 자녀들의 진학 문제를 주님께 모두 맡기오니 은혜와 평강으로 인도하여 주옵소서.

사랑의 주님.

이웃을 네 몸처럼 사랑하라는 말씀을 알면서도 사랑하지 못하고 형제를 용서하라는 교훈을 들으면서도 실행하지 못하는 저희들에게 힘을 주시고 용기를 주시어 이웃을 사랑하며 용서할 수 있는 능력을 부어 주옵소서.

은혜의 주님.

말씀을 들어도 깨닫지 못하는 저희의 마음을 예수님의 보혈로 깨끗이 씻어 주시어서 날마다 말씀을 통하여 저희를 새롭게 하여 주옵소서.

이 시간 예배를 통해 영광 받으시고 은혜로운 말씀으로 인도하여 주옵소서.

거룩하신 예수 그리스도의 이름으로 기도드립니다. 아멘

부흥의 축복을 주옵소서

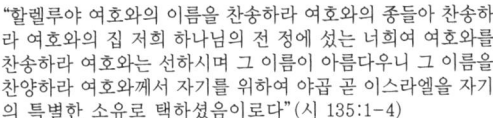

"할렐루야 여호와의 이름을 찬송하라 여호와의 종들아 찬송하라 여호와의 집 저희 하나님의 전 정에 섰는 너희여 여호와를 찬송하라 여호와는 선하시며 그 이름이 아름다우니 그 이름을 찬양하라 여호와께서 자기를 위하여 야곱 곧 이스라엘을 자기의 특별한 소유로 택하셨음이로다"(시 135:1-4)

살아 계셔서 만유를 다스리시며 온 인류의 모든 역사를 주관하시며 감찰하시는 하나님 아버지! 영광과 존귀를 올려 드립니다.

하나님의 은혜 가운데 저희들을 구역예배로 모이게 하시니 감사드립니다. 감히 주님 앞에 설 수 없는 죄인들이지만 주님 앞에 나아와서 예배하오니 신령과 진정으로 주님께 정성을 다해서 드려지는 예배가 되게 하여 주옵소서.

또한 주님 앞에 나와 죄짐을 내려놓고 주님을 만나기를 간구하오니 저희의 죄와 허물을 용서하여 주옵소서.

지난 시간 동안에도 육신이 연약하고 믿음이 부족하다는 핑계로 주님의 뜻을 저버리고 내 뜻대로만 살았던 죄를 고백합니다.

주님, 불쌍히 여겨 주시고, 예수님의 보혈로 깨끗이 씻어 주시어 용서하여 주옵소서.
이 시간, 구역장님의 입술을 사용하여 주옵소서. 구역장님을 통해서 주시는 말씀을 받을 때에 사람의 말이 아니라 주의 음성으로 받아서 이 자리에 하나님의 크신 뜻과 섭리하심만 나타나게 하여 주옵소서.
지금까지 저희 교회를 축복해 주시고 부흥시켜 주셨사오니 열방을 향한 빛의 사명을 앞으로도 잘 감당해서 칭찬 받는 교회가 되기를 소원합니다. 하나님께서 더욱 몸 된 교회를 사랑하여 주셔서 아직도 주님을 알지 못하고 어둠의 세력에 얽매여 신음하고 있는 불쌍한 영혼들에게 복음의 빛을 감당하는 교회가 되게 하여 주시옵기를 간절히 원합니다.
어제나 오늘이나 영원토록 동일하신 예수 그리스도의 이름으로 기도드립니다. 아멘

44주 긍휼과 자비를 주옵소서

"이와 같이 너희도 너희 자신을 죄에 대하여는 죽은 자요 그리스도 예수 안에서 하나님을 대하여는 산 자로 여길지어다"(롬 6:11)

거룩하시고 자비로우신 하나님 아버지!
저희를 푸른 초장으로, 쉴 만한 물가로 인도하여 주시는 하나님께 감사와 찬양을 드립니다.
하나님께서는 온 우주를 창조하셨고 지금 이 순간도 선한 목적과 섭리 가운데 저희를 보존하시고 인도하시니 감사드립니다.
지난 시간 동안도 저희들을 지켜 주시어서 세상에 살아도 세상 사람들과 같지 아니하고 예수 그리스도의 사랑을 실천하게 하셨지만 때로는 세상 유혹에 빠져 진리를 외면하고 세상 것들을 추구하면서 살아왔습니다.
이 시간 저희들의 어리석음을 십자가 보혈로 깨끗이 씻어 용서하여 주옵소서.
하나님 아버지!
영과 육이 나약한 지체들이 오늘도 주님의 은총

을 간절히 사모하는 심령으로 구역예배에 나왔습니다. 저희들의 질병을 성령의 불로 태워 주시고 사탄 마귀의 권세에서 자유함을 누리게 하여 주옵소서.

또한 저희들 성령 충만함을 받아 주의 군사가 되어 하늘의 권세와 땅의 권세를 가지고 어둠의 세력들을 물리치는 역사를 이루게 하여 주옵소서. 이 시간, 주님을 찬양하며 말씀을 듣기를 원하오니 말씀을 선포하는 구역장님에게 은혜를 베풀어 주시고 성령 충만케 하여 주옵소서.

사랑의 하나님.

저희 교회가 부흥되기를 원합니다. 저희 구역이 부흥에 헌신하는 구역이 되게 하여 주옵소서. 아직 구역예배에 참석하지 못한 성도들도 있습니다. 저들의 형편을 아시는 하나님께서 긍휼과 자비를 베풀어 주시옵소서. 구역예배의 시종을 주님께 맡깁니다.

거룩하신 예수 그리스도의 이름으로 기도드립니다. 아멘

45주 하나님의 섭리와 은총을 주옵소서

> "여호와의 크고 두려운 날이 이르기 전에 해가 어두워지고 달이 핏빛같이 변하려니와 누구든지 여호와의 이름을 부르는 자는 구원을 얻으리니 이는 나 여호와의 말대로 시온 산과 예루살렘에서 피할 자가 있을 것임이요 남은 자 중에 나 여호와의 부름을 받을 자가 있을 것임이니라"(욜 2:31-32)

은혜로우신 하나님 아버지!

지난 한 주간도 하나님께서 함께해 주신 은혜에 감사드립니다. 또한 천지 만물을 창조하시고 주님의 뜻대로 다스리시는 섭리에 감사드립니다. 세상은 수많은 전쟁과 기근, 혼란 속에 있지만 저희를 하나님의 자녀 삼아 주시고 보살펴 주신 크신 은혜에 감사를 드립니다.

저희는 주님의 영광을 위해 쓰임 받기에 부족하기 그지없지만 일꾼 삼아 주시니 그 은혜에 온 마음으로 찬양과 영광을 돌립니다. 늘 강건함을 통해서 주님을 잘 섬길 수 있도록 인도하여 주옵소서.

"사랑하는 자여 네 영혼이 잘 됨 같이 네가 범사

에 잘 되고 강건하기를 내가 간구하노라" 하신 말씀처럼 영적으로 육적으로, 병든 지체들을 보호하시고 강건케 하여 주옵소서. 병들어 신음하는 성도들의 고통과 아픔을 기억하셔서 온전히 치료하여 주옵소서.

자비로우신 하나님.

이 시간 특별히 민족과 나라를 위해서 기도합니다. 우리나라는 남북이 분단되어 자유롭게 다니지 못하고 고난과 고통 속에서 신음하는 북한 동포들을 보고만 있어야 합니다. 할 수 있는 것은 오직 기도이오니 북한 동포를 위한 기도를 멈추지 않게 하시고 그곳에서 믿음을 지켜가고 있는 하나님의 자녀들의 기도를 들으셔서 속히 자유를 허락하여 주옵소서. 모든 것에 하나님의 섭리와 은총이 있음을 믿고 기도하오니 하나님의 때가 늦춰지지 않도록, 기도하는 마음이 게으르지 않게 하옵소서. 예배에 함께하시고 홀로 영광 받아 주옵소서. 능력이 많으신 예수 그리스도의 이름으로 기도드립니다. 아멘

 교회의 부흥을 주옵소서

"여호와여 내가 주께 대한 소문을 듣고 놀랐나이다 여호와여 주는 주의 일을 이 수년 내에 부흥케 하옵소서. 이 수년 내에 나타내시옵소서 진노 중에라도 긍휼을 잊지 마옵소서"(합 3:2)

만유를 지으시고 다스리시며 온 인류의 모든 역사를 주관하시는 하나님 아버지!
이 시간, 저희들을 불러 주시어 구역예배로 인도하여 주시니 감사와 영광과 존귀를 돌려드립니다. 이 예배를 주장하시고 홀로 영광 받아 주옵소서. 이 시간, 저희들의 연약함을 긍휼히 여기셔서 모든 불의를 주님의 보혈로 깨끗케 씻어 주시고 날마다 주님의 은혜 가운데 살아가게 하옵소서. 항상 위로부터 내려 주시는 성령의 감동과 감화로 늘 교통케 하시어 성령의 열매를 풍성히 맺는 저희들이 되게 하여 주옵소서.
오늘도 하나님의 말씀을 전하시고자 세워 주신 구역장님께 성령 하나님께서 갑절의 은혜를 허락하시고, 말씀을 선포할 때 하늘의 능력과 은혜가 임하게 하여 주옵소서.

저희를 사랑하시는 하나님.
이 시간, 저희 교회를 위해서 기도합니다.
일찍이 주님의 크신 뜻과 섭리로 교회를 세우시고 부흥케 하시니 감사드립니다. 주님께서 항상 성령의 충만한 역사를 허락하셔서 이 세상을 향한 방주로 쓰임 받으며 칭찬 듣는 교회가 되게 하여 주옵소서.
무엇보다 내부적인 분열이 없게 하시고 한 분 하나님을 섬기는 하나 된 교회가 되게 하여 주옵소서. 모든 성도들이 사랑으로 서로를 대하며 섬기게 하시고 이웃들에게도 사랑이 흘러 전파되게 하여 주옵소서.
저희 구역이 이런 교회의 사역에 앞장서게 하셔서 세상을 향한 하나님의 계획을 이루는 데 선봉장이 되게 하여 주옵소서.
주님 오실 그날까지 항상 깨어 복된 사명을 잘 감당하도록 이 시간 친히 주장하시고 홀로 영광 받아 주시옵소서.
예수 그리스도의 이름으로 기도드립니다. 아멘

47주 지경을 넓혀 주옵소서 (추수감사절)

> "나의 생전에 여호와를 찬양하며 나의 평생에 내 하나님을 찬송하리로다. 방백들을 의지하지 말며 도울 힘이 없는 인생도 의지하지 말지니 그 호흡이 끊어지면 흙으로 돌아가서 당일에 그 도모가 소멸하리로다. 야곱의 하나님으로 자기 도움을 삼으며 여호와 자기 하나님에게 그 소망을 두는 자는 복이 있도다"
> (시 146:2-5)

만물을 주관하시는 하나님 아버지!
은혜와 섭리를 감사합니다. 거룩한 주일을 앞두고 구역예배로 모여 예배할 수 있게 허락하여 주심을 감사드립니다.
연약하고 어리석은 저희의 죄를 용서하여 주옵소서. 물질과 쾌락을 좇으며 이기적인 생각으로 가득한 세상에서 살았음을 고백합니다. 병든 마음을 가지고 살다가 이 시간 주님 앞에 나와서 간구하오니 저희의 부족함을 용서하여 주옵소서. 알고 지은 죄, 모르고 지은 죄를 모두 용서하시고 오직 주의 보혈로 깨끗하게 하여 주옵소서.
저희 기도를 들으시는 하나님.
어느덧 추수감사주일을 눈앞에 두게 되었습니

다. 복잡하고 험난했던 올해의 삶 속에서 언제나 입혀 주시고, 먹여 주시고, 살게 해 주심을 기억할 때 감사만이 나옵니다. 자격도 없고 믿음도 없는 저희들인데 오직 주께서 한없는 사랑으로 저희를 품으시고 인도하시며 여기까지 이끌어 오셨음을 고백합니다.

주님, 저희가 그 은혜를 잊지 않고 살게 하시고 날이 갈수록 감사의 조건이 더욱 늘어가는 믿음을 갖도록 인도하여 주옵소서.

은혜의 주님.

저희가 하나님의 은혜를 힘입어 이웃과 주변에 하나님의 자녀다운 모습을 보이게 하시고 선한 말과 선한 행동으로 주의 사랑이 흘러가는 통로의 사명을 잘 감당하게 하옵소서. 저희의 행실로 하나님의 지경이 넓어지게 하시고 "네 자손이 뭇별보다 많으리라" 하신 약속을 이루는 일꾼들 되게 하여 주옵소서.

예배 가운데 말씀으로 인도해 주실 것을 믿으며 예수 그리스도의 이름으로 기도드립니다. 아멘

48주 찬양을 받으시옵소서

"문들아 너희 머리를 들지어다 영원한 문들아 들릴지어다 영광의 왕이 들어 가시리로다 영광의 왕이 뉘시뇨 강하고 능한 여호와시요 전쟁에 능한 여호와시로다 문들아 너희 머리를 들지어다 영원한 문들아 들릴지어다 영광의 왕이 들어가시리로다 영광의 왕이 뉘시뇨 만군의 여호와께서 곧 영광의 왕이시로다"
(시 24:7-10)

졸지도 아니하시고 주무시지도 않으시며 지키시는 하나님 아버지!

저희들이 주님의 말씀을 사모하며 왔사오니 죄악된 마음을 회개할 수 있도록 영안을 열어 주옵소서. 이 시간, 저희의 죄를 용서해 주시고 깨끗케 하여 주시어서 주의 말씀대로 순종하는 삶이 되게 하여 주옵소서.

또한 구역예배를 통하여 말씀의 검으로 저희의 영과 혼과 골수를 찔러 쪼개어 저희 심령에 숨겨져 있는 모든 죄악들을 도말해 주시고 새롭게 하여 주옵소서.

함께하시는 하나님.

구역예배를 통해서 성령의 임재를 체험할 수 있

게 해 주시어서 저희 마음에 주시는 평안으로 어둠이 사라지게 하여 주옵소서.

이 시간, 연약한 육체를 가지고 나온 성도들을 기억하시고 육신의 연약한 질병도 치유 받게 하여 주시어서 성령 충만한 삶으로 인도하여 주옵소서.

찬양 받으시기에 합당하신 하나님.

오늘 이 자리에 모여서 찬송하는 구역 식구들에게 기쁨을 주시고 은혜를 주시어서 마음껏 찬송하며 주님을 경배할 때 심령이 뜨거워지게 하여 주시옵소서.

모든 것을 성령님께 의탁합니다. 오늘 구역예배에도 성령의 강권하심의 예배가 되게 하시고 구역장님을 통해서 주시는 말씀으로 저희가 더욱 더 믿음에 굳건해져서 복음을 만방에 전파할 수 있는 영적 권세를 갖게 하여 주시옵소서.

저희를 구원해 주시는 예수 그리스도의 이름으로 기도합니다. 아멘

49주 은혜로 새로워지게 하옵소서

"할렐루야 하늘에서 여호와를 찬양하며 높은 데서 찬양할지어다. 그의 모든 사자여 찬양하며 모든 군대여 찬양할지어다"(시 148:1-2)

하늘에 계신 아버지 하나님!
어두운 세상에 빛으로 오신 하나님의 사랑을 찬양하며 감사드립니다. 주님은 저희들에게 세상의 빛이 되어서 그 사명을 잘 감당하도록 하셨지만 저희들이 빛으로서의 사명을 다하지 못하고 어둠 속에서 방황하며 살 때가 많음을 고백하오니 저희들을 용서하여 주옵소서.
특별히 궁핍한 처지에 있는 가정을 돌보아 주셔서 그들의 필요를 채우시고, 온전케 하시며 보다 더 영적으로, 육적으로 성숙하도록 강건케 하여 주옵소서.
저희 교회가 아버지의 마음을 품게 하셔서 죽어가는 영혼들을 위하여 복음을 전하게 하시고, 아버지의 거룩한 뜻을 받들어 이웃의 궁핍에 관심을 가지고 그들의 필요를 채워 주는 교회가 되게 하여 주옵소서.
사랑의 주님!
이 땅의 교회들이 거룩하신 주의 말씀의 실천자가 되어서 밝은 빛이 되게 하여 주시고, 사랑의 빛으로 미움이 물러가고, 평화의 빛으로 불안과 공포가 물러가며, 진리의 빛으로 거짓이 물러가게 하여 주옵소서.
길과 진리 되신 주님.
저희들로 하여금 등경 위의 등불이 되게 하셔서 어둠 가운데 방황하는 모든 이들이 생명의 길로 돌아오게 하여 주옵소서.
말씀을 전하시는 구역장님께 능력을 덧입혀 주시고 말씀을 전할 때 권세로 함께하여 주옵소서. 예배를 통해 저희 속에 있는 악한 세력이 물러가고 복음의 권세가 드러나 하나님의 영광을 위해 능력 있는 삶을 살게 하여 주옵소서.
사랑이 많으신 예수 그리스도의 이름으로 기도 드립니다. 아멘

50주 복음을 전하는 군사가 되게 하소서

"수고하고 무거운 짐진 자들아 다 내게로 오라 내가 너희를 쉬게 하리라. 나는 마음이 온유하고 겸손하니 나의 멍에를 메고 내게 배우라 그러면 너희 마음이 쉼을 얻으리니 이는 내 멍에는 쉽고 내 짐은 가벼움이라 하시니라"(마 11:28-30)

살아 계신 하나님 아버지!
오늘 구역예배로 주님의 자녀들이 모였습니다. 이 시간에도 주님이 빛을 주셔서 저희들 속에 숨어있는 죄악의 세력들이 떠나가게 하시고 저희들이 모든 속박에서 자유함을 입어 살아 계신 하나님께 영광 돌려 드리게 하옵소서.
하나님 아버지!
여기 모인 성도들에게 하나님의 축복을 허락하셔서 강건하게 하시고, 언제 어디서나 그리스도의 향기를 뿜어내는 복음의 군사들이 되게 하여 주옵소서.
저희 주변에 아직도 예수 그리스도를 믿지 않고 사는 사람들이 너무 많습니다. 그들에게 복음을 전할 수 있는 능력을 주시옵소서.

또한 병들어 연약한 성도들을 기억해 주셔서 병든 부분을 주님의 보혈로 치유하여 주시기를 간구합니다. 주 예수의 이름으로 명할 때 더러운 질병들이 떠나가게 하시고 병든 부분에 성령님께서 보혈의 피로 회복시켜 주심으로 강건해지게 하옵소서.

진실하신 하나님.

이 시간, 성령님께서 저희 가운데 임재하셔서 저희가 가지고 나온 모든 문제들이 해결 받는 귀한 시간 되게 하여 주옵소서.

이 한 주간도 주님께서 저희들을 돌봐 주셔서 새 생명으로 거듭나는 삶을 살아갈 수 있게 하시고 모든 근심 걱정, 주님께 맡기는 믿음을 갖게 도와주옵소서.

생명을 살리시는 예수 그리스도의 이름으로 기도드립니다. 아멘

51주 주의 멍에를 메게 하소서 (성탄절)

"이스라엘의 찬송 중에 거하시는 주여 주는 거룩하시니이다"
(시 22:3)

경배를 받으시기에 합당하신 하나님 아버지! 죄로 인해 죽음을 향한 길에 있던 저희들을 사랑하셔서 예수 그리스도의 보혈로 죄 사함을 받게 하시고, 주님의 거룩하신 백성으로 삼아 주시니 감사드립니다.
임마누엘의 하나님!
성탄절을 앞두고 구역예배로 모여 아기 예수의 탄생을 축하하며 경배드립니다. 황금과 유향과 몰약 같은 진실하고 값진 정성으로 예배드리기를 원합니다. 주님께서 받아 주시고 주님이 주시는 기쁨과 평안으로 충만하게 채워 주옵소서.
곧 다가올 성탄절은 구원의 날이요, 생명의 날인 줄 압니다. 이 기쁜 소식을 저희만 갖고 있지 않게 하시고 온 세상에 퍼뜨려 가난한 자와 병든 자, 믿지 않는 수많은 이웃들에게 희망이 심겨지게 되기를 간구합니다.

주님.

저희들은 세상에 살면서 많은 근심과 걱정과 염려를 가지고 살아갑니다. 그러나 이 모든 근심 걱정을 다 십자가 밑에 내려놓고 왕 되신 하나님만을 찬양하며 평안 속에 살아가고자 원하오니 은혜를 허락하여 주셔서 저희 가운데 임하시고 능력으로 함께하여 주옵소서.

"수고하고 무거운 짐 진 자들아 다 내게로 오라 내가 너희를 쉬게 하리라 나는 마음이 온유하고 겸손하니 나의 멍에를 메고 내게 배우라"(마 11:28-29)

이 말씀을 기억합니다. 세상 짐 버리고 예수님의 멍에를 메고 배우게 하여 주옵소서. 저희를 한없이 사랑하시고 진리로 인도하시는 주님을 따르기를 원합니다. 흔들리지 않는 믿음을 허락하시고 주의 빛으로 비추옵소서.

길이요 진리요 생명이신 예수 그리스도의 이름으로 기도드립니다. 아멘

 위의 것을 바라게 하소서 (송구영신)

> "여호와여 내가 주께 대한 소문을 듣고 놀랐나이다 여호와여 주는 주의 일을 이 수년 내에 부흥케 하옵소서 이 수년 내에 나타내시옵소서 진노 중에라도 긍휼을 잊지 마옵소서"(합 3:2)

천지 만물을 주관하시고 섭리하시는 전능하시고 영원하신 하나님 아버지!

한 해를 시작하게 하신 은혜로 한 해를 마무리하게 하시니 감사드립니다. 한 해 동안 항상 선한 것을 허락하시고 저희의 길을 인도하심을 감사드립니다. 그러나 저희는 하나님의 은혜를 깨닫지 못하고 주님의 말씀대로 살지 못했습니다. 주님을 향한 사랑은 식어버렸고 믿음이 약하여 충성과 봉사를 다하지 못하였습니다.

이 시간, 주 앞에 엎드려 저희 허물을 고백하고 회개하오니 주여, 용서하여 주옵소서.

성령께서 저희 마음속에 임재하셔서 하나님을 온전히 바라보며 의지하고 주님의 뜻 앞에 순종하며 살 수 있는 마음을 주옵소서.

하나님 아버지!

저희가 살면서 마음을 쏟고 욕심을 부리는 것이 모두 땅의 것인 줄 압니다. 주께서는 위의 것을 생각하고 땅의 것을 생각하지 말라고 하셨는데 저희 어리석은 마음은 깊고 높은 것을 깨닫지 못합니다. 아직 저희가 살아 있어서 그런 줄 압니다. 그리스도와 함께 저희가 죽어야 함에도 살아 있어 음란과 부정과 사욕과 악한 정욕과 탐심에 갇혀 있는 줄 압니다. 땅에 묶여 있는 저희 생각과 마음을 주께서 고쳐 주시고 정결하고 선한 마음을 창조하여 주옵소서.

이제는 위의 것을 바라며 배우고 따르도록 인도하여 주시고, 저희가 그리스도와 함께 죽고 다시 살리심을 받은 하나님의 자녀답게 하늘의 선하고 영원한 것을 사모할 수 있도록 도와주옵소서. 오늘 구역예배를 통해 한 해를 잘 마무리할 수 있도록 도와주시고 더욱 주를 사모하고 간절히 기도하는 구역이 되도록 인도하여 주옵소서. 아무 공로 없는 죄인이 예수 그리스도 이름 받들어 기도드립니다. 아멘

나는 소망합니다

- 헨리 나우웬 -

나는 소망합니다.
내가 누구를 대하든
그 사람에게 꼭 필요한 존재가 되기를
나는 소망합니다.
내 마음에 드는 사람들에 대한 사랑 때문에
마음에 들지 않는 사람들에 대한
사랑이 줄어들지 않기를
나는 소망합니다.
상대가 나에게 베푸는 사랑이
내가 그에게 베푸는 사랑의 기준이 되지 않기를
나는 소망합니다.
언제나 남들에게 용서를 구하며 살기를
그러나 그들의 삶에는
나에게 용서를 구할 일이 없기를.

구역을 위한 중보 기도

무릎으로 드리는 구역예배 대표기도문

자녀의 돌을 맞이한 가정을 위한 기도

"아이가 자라매 젖을 떼고 이삭이 젖을 떼는 날에
아브라함이 큰 잔치를 베풀었더라"(창 21:8)

사랑이 많으신 하나님 아버지!
귀하고 복된 가정에 자녀를 허락하여 주시고 지난 1년 동안 보호하여 주심을 감사드립니다. 하나님의 축복하심과 부모들의 사랑 속에 태어난 자녀이오니 늘 사랑 속에서 자라게 하옵소서. 귀한 자녀가 커 가며 부모님과 교회와 하나님 앞에 자랑거리가 되고 기쁨이 되게 하옵소서. 아이를 키우느라고 애를 쓰는 부모에게 건강과 사랑을 주시고 기도로 키우게 하여 주사 하나님께 쓰임 받기에 부족함이 없게 하소서.

가정에 믿음과 사랑이 항상 넘쳐 아이가 잘 자랄 수 있도록 늘 인도하옵소서. 돌을 축복하기 위하여 모인 성도들과 가족들을 축복하시고 아이와 부모를 축복해 주옵소서.

주 예수 그리스도 이름으로 기도합니다. 아멘

여행을 떠나는 가정을 위한 기도

"에서가 이르되 저희가 떠나자 내가 너와 동행하리라"(창 33:12)

세상을 다스리시며 주관하시는 하나님 아버지! 저희를 인생의 순례자로 불러 주시고 또 다른 세상을 순례할 수 있도록 여행의 기쁨을 주시니 감사를 드립니다. 이 가정이 이번 여행을 통해서 더 많은 비전과 식견을 가지게 하시고, 마음과 시야가 더 넓어지는 기회가 되어서 생각의 지평을 넓히게 하여 주옵소서. 이 시간 길 떠나는 성도의 가정에 밝은 눈을 주시어서 가는 곳마다, 보는 것마다, 듣는 것마다 어려움이 없게 하시고 안전하게 인도하여 주옵소서.

여행하는 곳마다 많은 사람을 대할 때 몸은 고단해도 환한 얼굴로 대하게 하시고 어느 곳에 가든지 배우려고 할 때 뜨거운 열정과 현명한 지혜를 허락하여 주시어서 좋은 결실을 얻고 돌아올 수 있도록 지켜 주옵소서.

예수 그리스도의 이름으로 기도드립니다. 아멘

첫 출근하는 가정을 위한 기도

"여호와여 들으시고 내게 은혜를 베푸소서
여호와여 나를 돕는 자가 되소서 하였나이다"(시 30:10)

사랑과 은혜가 풍성하신 하나님 아버지.
하나님께서 인도해 주셔서 사랑하는 집사(직분)님이 그토록 기도하던 직장을 구해 첫 출근을 하게 되었으니 그 은혜를 감사드립니다.
그동안 마음 고생 많았던 집사(직분)님에게 일할 수 있는 일터를 주셨사오니 무엇보다 먼저 하나님께 감사의 예배를 드리며 영광을 돌립니다.
이제 새로운 곳에서 일하게 될 집사(직분)님이 직장 상사나 동료들과 좋은 관계로 지내게 하시고 일도 잘 배워서 곧 익숙해질 수 있도록 도와주옵소서. 또한 그리스도인으로서 모범이 되게 하시고 모든 일을 주께 하듯 할 수 있도록 인도하옵소서. 직장에서 날마다 감사하며 승리하는 성도가 되게 하여 주옵소서.
예수 그리스도의 이름으로 기도드립니다. 아멘

새로운 사업을 시작하는 성도를 위한 기도

"선을 행하고 선한 사업을 많이 하고 나누어 주기를 좋아하며 너그러운 자가 되게 하라"(딤전 6:18)

새로운 일을 통해서 역사를 창조하는 하나님 아버지, 기도 중에 새로운 사업을 시작하려고 준비하여 이제 일을 시작하게 하시니 감사드립니다. 큰 뜻을 품고 일을 시작하였사오니 주님께서 성령의 능력으로 이 사업을 축복하여 주시어서 하나님의 영광 가운데 사업이 번성하게 하여 주옵소서. 최선을 다해 열심히 하게 하시고 일할 때 스트레스 받지 않게 하시고 지혜도 주시어서 범사에 형통케 하여 주옵소서. 이 시간, 간구하오니 이 사업장을 운영하면서 사소한 일에 휘둘리지 않고 품은 뜻을 온전히 이루도록 축복하여 주옵소서. 일할 때에 열심히 일하고 쉴 때에 충분히 쉬며, 언제나 단잠을 자게 하옵소서.
예수 그리스도의 이름으로 기도드립니다. 아멘

개업한 성도를 위하여

"여호와여 주의 행사가 어찌 그리 크신지요
주의 생각이 심히 깊으시니이다"(시 92:5)

은혜로우신 하나님 아버지!
오늘 저희가 개업한 성도를 위하여 함께 모여 기도합니다. ○○○ 집사(직분)님이 열심히 준비한 새로운 사업을 시작하게 되었습니다. 그동안 여러 가지 어려운 과정을 겪어내고 드디어 하나님의 은혜로 가게 문을 엽니다. 이제부터 모든 상황과 환경을 믿음으로 잘 이겨내게 하시고, 믿음의 열매를 맺을 수 있도록 인도하여 주옵소서. 주님!
○○○ 집사(직분)님이 시작한 가게를 우리 주님이 붙들어 주시고 노력에 대한 합당한 대가를 얻을 수 있도록 도와주옵소서. 무엇보다 사람들 사이에서 좋은 가게로 이름이 나게 하시고 정직하게 장사를 한다는 소문이 나게 하여 주옵소서. 손님들이 끊이지 않게 하시고 오랫동안 이 자리

를 지키며 하나님이 함께하시는 가게가 될 수 있도록 인도하여 주옵소서.

만유의 주인이신 주님!

이 가게의 주인은 언제나 주님이심을 믿습니다. ○○○ 집사(직분)님이 한시라도 이 사실을 잊지 않게 하셔서 성실하고 정당하며 정직하게 운영해 나갈 수 있게 하여 주옵소서. 주님을 섬기는 주님의 자녀로서 주의 일을 하듯, 주를 대하듯 운영을 하게 하시옵소서.

가게를 운영하다보면 어려운 일도 있고 원하지 않는 일도 당하게 될 것입니다. 그때마다 좌절하거나 원망하지 않고 주님께 더 나아가 부르짖어 기도하게 하시고 주께서 인도하시는 가게는 꼭 좋은 열매를 맺게 될 것이라는 믿음을 잃지 않도록 도와주옵소서.

이제 시작입니다. 주님이 형통케 하시고 큰 복으로 채워 주옵소서.

영광 받으시기에 합당하신 예수 그리스도의 이름으로 기도합니다. 아멘

출산을 앞둔 성도를 위하여

*"여호와여 주의 인자하심이 하늘에 있고
주의 성실하심이 공중에 사무쳤으며"* (시 36:5)

사랑의 하나님!
이 시간 곧 출산할 성도를 위하여 기도하기를 원합니다. 사랑하는 ○○○ 집사(직분)님에게 생명을 품을 수 있는 은혜를 허락하시고 지금까지 태중의 아이와 산모를 건강하게 지켜 주심을 감사드립니다.
이제 예정일이 거의 다 되었습니다. 지금껏 ○○○ 집사(직분)님을 지키시고 보호하신 주님께서 건강하고 튼튼한 아이를 순산할 수 있도록 인도하실 것을 굳게 믿습니다.
생명의 주인이신 하나님!
산모의 마음은 새 생명의 탄생을 기대하며 기쁨 중에 있기도 하겠지만 한편으로는 불안과 두려움도 자리잡고 있을 것입니다. 모든 것에 평안을 주시는 주님께서 그 마음에 평안을 허락하여 주시고, 시간마다 안정을 취할 수 있게 하여 주옵소서. 주님께서 언제나 함께하고 계신다는 믿음을 굳게 하여 자신과 태아를 위하여 기도하며 출산을 준비하게 하여 주옵소서.

저희를 인도하시는 하나님.

이제 곧 태어날 아이로 인해 이 가정은 믿음의 기업이 이어질 것이고, 믿음의 가문으로 굳건해질 것입니다. 주님께서 축복하신 생명, 믿음 안에서 정성으로 키우게 하시고 예정일까지 남은 시간도 하나님의 말씀을 들려 주며, 찬양을 들려 주며 하나님의 아이로 품게 하시옵소서.

은혜로우신 하나님.

이 아이가 주님께 사랑받고, 주님의 말씀과 훈계를 사랑하는 아이가 될 수 있도록 부모님의 마음을 붙잡아 주시고 보다 멀리 내다보고 키우는 지혜도 허락하여 주옵소서.

지금까지 함께하신 우리 주님께서 끝까지 함께하여 주실 줄 믿으며 기쁨과 은혜를 주시는 예수 그리스도의 이름으로 기도합니다. 아멘

출산한 가정을 위한 기도

"그에게 들어가 이르되 은혜를 받은 자여 평안할지어다
주께서 너와 함께 하시도다 하니"(눅 1:28)

사랑으로 저희를 붙잡아 주시고 저희에게 만족을 허락하시는 하나님 아버지!
저희 구역 중에 새로운 생명을 주셨으니 감사를 드립니다. 주님께서 주신 선물이오니 이 선물이 주님께 찬송이 되게 하시고 저희에게는 기쁨의 선물이 되게 하옵소서. 아기를 낳은 엄마를 이 시간 축복하여 주셔서 아기와 함께 엄마가 강건하게 하시고, 엄마의 젖이 아기에게 꿀처럼 달게 하여 주옵소서. 출산하면서 힘들었던 엄마를 축복하시고 그 몸이 어서 속히 회복되고 강건해지게 하옵소서. 저희로 하여금 아이와 엄마의 안정과 행복을 위해 날마다 기도하게 하시고 생기를 불어 넣는 힘이 되게 하여 주옵소서.
저희 가정에 희망을 주시는 예수 그리스도의 이름으로 기도합니다. 아멘

새집으로 이사한 가정을 위한 기도

"주의 집에 사는 자들은 복이 있나니
그들이 항상 주를 찬송하리이다"(시 84:4)

하나님 아버지!
이 가정에 새집을 허락하여 주시니 감사드립니다. 이제 이곳으로 삶의 터전을 옮기었사오니 이곳이 복된 장막이 되게 하시고 이 집의 주인은 주님이시라는 것을 주변에 널리 알릴 수 있게 하여 주옵소서. 이 집에 누구든지 들어오는 사람마다 평안이 깃들게 하시고 말씀의 깊이가 느껴지는 가정이 되게 하여 주옵소서. 고넬료의 가정처럼 예수만 섬기는 가정이 되게 하시고 옥합을 깨뜨린 마리아처럼 향유 냄새 가득한 믿음의 가정이 되게 하여 주옵소서. 주님께서 이 공간에 함께하셔서 이 가정의 행복이 되시고 이웃과의 관계에서도 서로 신뢰하며 좋은 관계를 맺어서 축복을 전하는 가정이 되게 하여 주옵소서.
예수 그리스도의 이름으로 기도합니다. 아멘

시험 당한 가정을 위한 기도

"시험에 들지 않게 깨어 기도하라 마음에는 원이로되 육신이 약하도다"(마 26:4)

사랑이 풍성하신 하나님!
큰 시험을 당한 성도님을 위하여 기도하오니 주께서 위로하여 주옵소서. 사랑하는 성도님이 이번 일로 낙심과 시험에 빠지지 않게 도우시고 하나님의 선하신 뜻과 사랑을 체험하고 하나님께 더 가까이 나아가는 기회로 삼을 수 있게 하여 주옵소서. 잠시 동안은 근심하고 낙심한다 할지라도 하나님께서 은혜를 베풀어 주셔서 다시 회복되게 하실 줄 믿습니다. 겸손히 하나님의 은혜를 구하오니 하늘의 신령한 은혜를 통해서 기름진 복으로 축복하여 주옵소서.
성도님의 삶 속에 꿈과 비전을 이루어 주시고 그 가운데 하나님의 영광이 강물같이 넘쳐나게 축복하여 주옵소서.
예수 그리스도의 이름으로 기도합니다. 아멘

입시에 실패한 가정을 위한 기도

"아무 것도 염려하지 말고 다만 모든 일에 기도와 간구로, 너희 구할 것을 감사함으로 하나님께 아뢰라"(빌 4:6)

사랑의 하나님 아버지!
사랑하시는 ○○○군(양)이 대학 입시를 준비하였으나 결과가 좋지 못합니다. 좌절하지 않도록 위로하시고 새 힘을 허락해 주옵소서. 당장은 힘들고 어려운 시간을 지내야 하겠지만 더욱 예수 그리스도를 믿는 담대한 믿음과 지혜를 받아 다시 노력하여 좋은 날을 맞이하기를 원합니다. 무엇보다 열심히 공부하여 목표를 향하여 중도에 포기하지 않게 하시며 끝까지 달려가게 하옵소서. 예전보다는 더욱 열심히 준비하여 내년에는 반드시 합격의 영광을 맞이할 수 있게 하옵소서. 하나님께서 이 자녀의 장래를 예비하시고 세상이 감당치 못할 자로 세우셔서 하나님의 도구가 되게 하옵소서.
예수 그리스도의 이름으로 기도드립니다. 아멘

실직한 가정을 위한 기도

"너희 염려를 다 주께 맡기라
이는 그가 너희를 돌보심이라"(벧전 5:7)

저희를 위로하시고 사랑하시는 하나님 아버지! 저희들을 지금까지 인도해 주시니 감사를 드립니다. 인생을 살면서 행복할 때도 있고 그렇지 못한 날도 있는 줄 압니다. 주께서 사랑하시는 집사(직분)님의 남편(아내)이 일자리를 잃어 이 가정에 걱정과 근심이 자리하게 되었습니다. 그러나 저희를 언제나 쉴 만한 물가로, 푸른 초장으로 인도하시는 하나님이심을 믿사오니 이번 실직이 인생의 실패가 아님을 압니다. 결코 절망하지 않게 하시고, 주님의 사랑으로 힘을 얻는 은혜를 주옵소서. 무엇보다 중요한 것은 그리스도를 중심에 모시는 것인 줄 아오니 믿음 흔들리지 않고 다시 일어서서 승리하게 도와주옵소서. 언제나 저희를 지키시며 도움의 길을 내시는 예수 그리스도의 이름으로 기도드립니다. 아멘

물질에 손해를 본 가정을 위한 기도

"바로의 술 맡은 관원장은 전직을 회복하매
그가 잔을 바로의 손에 받들어 드렸고"(창 40:21)

천지만물을 창조하시고 세상의 주인 되시는 하나님 아버지!
어려운 일을 당할 때마다 저희의 기업이 되시는 하나님을 겸손히 바라볼 수 있는 마음을 주시고 자신의 영혼을 깊이 생각하는 시간을 갖게 하여 주시니 감사합니다. 이 시간, 사랑하는 집사님이 물질로 인하여 어려운 가운데 있습니다. 찾아오셔서 위로하시고, 물질의 손해로 인하여 마음을 빼앗기지 않도록 도와주시며, 하나님을 원망하지 않고 오히려 감사의 조건을 더욱 가질 수 있도록 성령께서 그 마음을 회복시켜 주옵소서.
하나님은 저희의 창조주가 되시니 잃은 것 때문에 낙심하지 않게 하시고 언제나 하나님을 인정하는 겸손한 자녀가 되도록 함께하여 주옵소서.
예수 그리스도의 이름으로 기도드립니다. 아멘

배우자를 찾는 기도

"내게 구하라 내가 이방 나라를 네 유업으로 주리니
네 소유가 땅 끝까지 이르리로다"(시 2:8)

사람을 통하여 영광 받으시기를 기뻐하시는 하나님!
인간을 하나님의 형상대로 만드시되 남자와 여자로 만드시고 짝을 맺어 주사 부부로 살게 하신 은혜에 감사를 드립니다.
주님께서 사랑하시고 귀히 사용하시는 성도가 금번에 배우자를 찾기 위해서 간구하오니 좋은 배필을 허락하여 주옵소서. 하나님께서 섭리하신 가운데 좋은 가정을 이루도록 배우자를 보내주옵소서. 이 일로 인하여 마음이 곤고하거나 조급해지지 않기를 원합니다. 모든 것이 주님의 뜻 아래서 이루어져 갈 수 있도록 은혜를 허락하여 주옵소서.
하나님 아버지!
사랑하는 성도가 하나님을 향한 특별한 비전을

가지고 있습니다. 그 비전을 가지고 함께 동역하며 나아갈 수 있는 배우자를 허락하여 주옵소서. 배우자를 찾을 때에 인간적이고 세상적인 가치 기준을 가지고 사람을 판단하지 않게 하시고 오직 주의 뜻에 합당하고 서로 존경할 수 있는 사람을 배우자로 맞을 수 있도록 지혜와 은혜를 베풀어 주옵소서.

사랑이 많으신 하나님.

세상은 물질, 지식, 가문, 사람의 겉모양을 보고 판단하지만 사랑하는 성도는 하나님을 향한 열정을 보고 찾고 있사오니 부족함이 없는 배필을 허락하여 주옵소서.

주님을 위하여 함께 기뻐하며 고난에도 동참할 수 있는 배우자를 허락하여 주옵소서. 세상을 향하여 복음을 담대히 전할 수 있는 동역자로서의 배우자를 만나게 하여 주옵소서.

예수 그리스도의 이름으로 기도합니다. 아멘

병든 성도를 위한 기도

"내 이름을 경외하는 너희에게는 의로운 해가 떠올라서 치료하는
광선을 발하리니 너희가 나가서
외양간에서 나온 송아지같이 뛰리라" (말 4:2)

은밀한 중에 살피시는 자비로우신 하나님! 그동안 건강하게 살게 하여 주심을 감사드립니다. 건강할 때 감사하지 못했고 주를 위해 온전히 헌신하지 못했던 것을 용서해 주옵소서. 건강을 잘 돌보지 못하고 함부로 했던 것도 용서해 주옵소서.

이 시간, 오셔서 연약하고 병든 부분을 주님의 손으로 어루만져 주시고 치료의 빛을 비춰 주시어 깨끗이 나음을 입게 해 주옵소서. 주께서 치료해 주옵소서. 비록 육신은 사망의 음침한 골짜기로 다니는 것 같을지라도 조금도 두려워하지 않게 해 주시고, 주의 막대기와 그 크신 지팡이로 병상에 있는 영혼을 지켜 주옵소서.

모든 질병의 의원이 되시는 예수님의 이름으로 기도합니다. 아멘

병원에 입원한 성도를 위한 기도 1

"그리하면 네 빛이 아침같이 비칠 것이며 네 치료가 급속할 것이며 네 의가 네 앞에 행하고 여호와의 영광이 네 뒤에 호위하리니"(사 58:8)

저희를 치료하시는 여호와 라파의 하나님! 저희의 상처를 치료해 주시고 회복시켜 주심을 믿고 감사를 드립니다. 여기 원치 않는 질병으로 인해 고통 받고 있는 주님의 자녀가 있사오니 치료하여 주시고 회복시켜 주옵소서.

사랑하는 집사(직분)님이 질병으로 인하여 병원에 입원하게 되었는데, 더욱 주님을 의지하고 감사할 수 있도록 인도하여 주옵소서. 이번 기회를 통해서 육체의 질병만 치유되는 것이 아니라 심령의 병까지 치유되는 귀한 시간이 되게 도와주옵소서. 사랑하는 집사(직분)님이 입원해 있는 동안 말씀과 기도 생활에 더욱 힘쓸 수 있도록 도와주시고, 퇴원할 때는 큰 믿음을 가지고 나갈 수 있도록 인도하여 주옵소서.

거룩하신 예수님의 이름으로 기도드립니다. 아멘

병원에 입원한 성도를 위한 기도 2

"너희는 마음에 근심하지 말라
하나님을 믿으니 또 나를 믿으라"(요 14:1)

저희가 건강하기를 원하시는 하나님 아버지! 뜻하지 않은 질병으로 오늘 이렇게 병원에 입원하여 있는 주의 성도를 기억하여 주시고 모든 질병을 깨끗하게 치료하여 주시기를 원합니다. 이 시간, 성령님께서 이곳에 역사하여 주셔서 치료의 능력으로 아픈 곳을 깨끗이 치료하여 주옵소서. 먼저 환자에게 믿음을 주시고, 가족들이 환자를 잘 돌볼 수 있는 마음을 주시기를 원합니다. 예수님께서 이 땅에 오셔서 병든 자들을 돌아보시고, 그들을 치유하시고, 불구된 자들을 온전하게 하셨던 사랑의 능력이 이들에게도 나타나게 하옵소서. 그리고 이러한 고난의 시간을 통하여 하나님 아버지를 더 가까이할 수 있는 시간이 되게 하여 주옵소서. 저희를 치유하여 주시는 예수님의 이름으로 기도드립니다. 아멘

난치병 걸린 성도를 위한 기도 1

"이스라엘이여 너는 행복자로다 여호와의 구원을 너같이 얻은 백성이 누구뇨 그는 너를 돕는 방패시요 너의 영광의 칼이시로다" (신 33:29)

은혜로우신 아버지 하나님!
저희 사랑하는 성도가 고통 가운데 있습니다. 주께서 함께하셔서 품안에 거하게 하여 주옵소서. 아기가 어머니의 품안에서 행복하듯 저희 사랑하는 성도가 주님의 품안에서 평강과 따뜻함을 얻게 하여 주옵소서. "주는 나를 용서하사 내가 떠나 없어지기 전에 나의 건강을 회복시키소서" (시39:13) 한 말씀처럼 한없이 마음이 아픈 성도의 모든 죄를 용서하시고 주님의 능력으로 치료하여 강건하게 고쳐 주옵소서. 모든 것을 창조하시고 이루시는 생명의 하나님, 사람이 치료할 수 없는 것일지라도 주께서는 하실 수 있사오니 이 성도의 병을 치료해 주옵소서.
저희를 고난에서 건지시는 예수 그리스도의 이름으로 기도드립니다. 아멘

난치병 걸린 성도를 위한 기도 2

"그때에 히스기야가 병들어 죽게 되매 … 히스기야가 낯을 벽으로 향하고 여호와께 기도하여 가로되 여호와여 구하오니 내가 진실과 전심으로 주 앞에 행하며 주의 보시기에 선하게 행한 것을 기억하옵소서 하고 심히 통곡하더라" (왕하 20:1-3)

저희의 기도를 언제나 들으시는 하나님 아버지. 하나님의 뜻을 알게 하시고자 저희에게 질병도 허락하심을 깨닫습니다. 사람의 죽고 사는 것이 하나님께 있으니 저희가 인생의 고난과 희락에 대해서 일희일비할 것은 아닐 것입니다. 오직 하나님을 의뢰하며 뜻대로 살아간다면 모든 것이 합력하여 선을 이룰 줄 믿습니다.

그러나 주님, 저희는 고통을 견디기 힘들어하는 연약한 인간입니다. 내일을 알 수 없는 상황에 처하면 불안과 두려움 속에 빠져 헤어나지 못하기도 합니다.

은혜로우신 주님.

여기 고칠 수 없는 병에 걸려 누워 있는 하나님의 자녀가 있습니다. 고통과 절망 속에서 연명하고 있을 뿐 어떤 희망도, 가능성도 없습니다. 그를 위해 안타까움을 품은 채 곁을 지키는 가족의 기도와 눈물을 보시옵소서.

밖을 지나가는 사람들의 웃음소리도, 창가에 드는 따뜻한 햇살도 여기 병든 성도님에게는 오히려 고통이 되어 가슴을 찌를 뿐입니다.

주여!

희망은 오로지 주님밖에 없습니다. 고쳐 주시옵소서. 깊은 수렁 속에서 구원의 손을 기다리나이다. 모두가 포기하여도 주님이 포기하지 않으시면 저희는 소망이 있습니다. 모두가 안 된다고 하여도 주님이 된다고 하시면, 고침을 받을 수가 있사오니 이 고통스러운 질병을 주님께서 물리쳐 주옵소서.

"내가 네 기도를 들었고 네 눈물을 보았노라 내가 너를 낫게 하리니"(왕하 20:5).

히스기야 왕에게 전해진 이 말씀이 여기도 전해질 것을 간절히 구하며 저희를 고치시는 예수 그리스도의 이름으로 기도합니다. 아멘

믿음을 찾아야 할 성도를 위한 기도

"하나님은 우리의 피난처시요 힘이시니
환난 중에 만날 큰 도움이시라"(시 46:1)

은혜와 진리가 되시는 하나님!
이 시간에 믿음의 회복이 필요한 성도를 위하여 기도합니다. 사랑하는 집사(직분)님을 긍휼히 여기시고 속히 믿음을 되찾을 수 있는 은혜를 더하여 주옵소서. 주님을 위해서 열심히 봉사하고 충성했던 그 시간을 다시 회복할 수 있게 하여 주옵소서. 언제나 쉬지 않고 기도하며 섬기고 애썼던 그 믿음의 자리로 다시 돌아올 수 있게 하여 주옵소서. 엘리야 선지자도 이방 선지자와 대결에서 크게 이기고도 낙심하였던 때가 있었습니다. 그러나 주께서 인도하시고 새 힘을 주심으로 믿음을 되찾아 하나님께 크게 쓰임 받았습니다. 사랑하는 집사(직분)님에게도 그와 같은 은총을 내려 주셔서 일으켜 주옵소서. 사랑이 많으신 예수 그리스도의 이름으로 기도합니다. 아멘

재난을 당한 성도를 위한 기도

"여호와여 주의 인자하심이 하늘에 있고
주의 성실하심이 공중에 사무쳤으며"(시 36:5)

인간의 생사화복을 주장하시는 하나님 아버지! 우리 집사(직분)님이 갑작스런 재난을 당해 감당키 어려운 슬픔에 빠져 있습니다. 이 하나님의 자녀를 위로하시고 어루만져 주옵소서. 그 황당함과 좌절이 얼마나 크겠습니까? 세상이 자기를 버린 것 같고 하나님이 이 가정을 기억하지 못하는 것 같은 아픔이 있을 것입니다. 그러나 합력하여 선을 이루시는 하나님이신 줄 믿습니다. 화가 변하여 복이 되게 하시는 하나님이신 줄 믿습니다. 이 시간이 몹시 어려운 줄 알지만 꼭 이겨내어 하나님께 영광을 돌릴 수 있도록 이끄실 것을 믿습니다. 삶의 기적을 일으키는 하나님의 역사를 체험하는 기회로 삼게 하실 것을 믿습니다. 슬픔을 당한 자의 위로자가 되시는 예수 그리스도의 이름으로 기도합니다. 아멘

고난 속의 성도를 위한 기도

"그러므로 믿음으로 말미암은 자는
믿음이 있는 아브라함과 함께 복을 받느니라"(갈 3:9)

위로자 되신 하나님 아버지!
이 시간에 저희가 고난을 당한 성도를 찾아왔습니다. 그 고난이 너무 심해 견디기 쉽지 않습니다. 마음은 피폐해졌고 가슴은 멍들었으며 어느 곳에서도 도움의 손길을 찾을 수 없는 가운데 있습니다.
저희는 오직 하늘을 바라보니 위로하시는 주여!
이 집사(직분)님에게 참된 하나님의 위로를 허락하여 주옵소서.
고난 중에 더욱 기도하기를 바라시는 주님!
사랑하는 집사(직분)님이 이 고난 중에 주님을 기억해서 도우시는 주님을 신뢰하고 의지할 수 있게 하여 주옵소서. 아직 끝난 것은 아무것도 없사오니 주님 바라보며 끝까지 기도할 수 있게 하여 주옵소서. 무릎을 통하여 더 깊은 기도의 세계를 체험하게 하여 주시고, 그 가운데 들리는 주님의 세미한 음성을 듣게 하여 주옵소서.

사랑으로 회복시키시는 하나님.

주님은 사랑하는 자에게 때로 고난을 통하여 말씀하시는 분이신 줄 믿습니다. 그래서 고난이 복되고 저희를 성숙하게 하는 줄 믿습니다. 이 고난의 기간을 지내면서 저희가 미처 알지 못했던 것을 깨닫게 하시고 생각하지 못했던 것을 새롭게 얻게 하여 주옵소서.

사랑의 하나님.

언제 이 고난이 끝날지 알 수 없으나 감당치 못할 시험 당함을 허락지 않으시는 하나님이심을 믿기에 굳건히 이겨내기를 간절히 기도합니다. 고난이 크면 클수록 주님과 더불어 받게 될 영광도 크다는 것을 생각하며 감사가 넘치는 믿음이 되게 하여 주옵소서.

지친 영혼을 일으키셔서 언제나 능력을 더하시는 예수 그리스도의 이름으로 기도합니다. 아멘

핍박 받는 성도를 위한 기도

"다만 이뿐 아니라 우리가 환난 중에도 즐거워하나니
이는 환난은 인내를, 인내는 연단을,
연단은 소망을 이루는 줄 앎이로다"(롬 5:3,4)

사랑이 많으신 하나님 아버지!
이 시간에 핍박 받는 가정을 심방하여 함께 기도합니다. 사랑하는 ○○○ 집사(직분)님이 주님을 믿는 것 때문에 가족으로부터 핍박을 받고 있습니다. 더구나 핍박으로 마음이 상하고 심한 말들 때문에 상처가 생깁니다. 어느새 믿음도 흔들리는 것 같습니다. 혼자 견디기에는 너무 힘드오니 주님의 위로를 허락하여 주옵소서. 주께서 함께하심을 굳게 믿게 하시옵소서.
핍박 때문에 주님을 멀리하거나 믿음을 포기하지 않게 하여 주시고 핍박의 순간마다 핍박 받으신 그리스도 우리 주님의 모습이 가슴에 새겨지게 하시어 십자가에서 피 흘리신 그 모습이 마음에 힘을 더하게 하여 주옵소서.
사랑의 주님!

사랑하는 ○○○집사(직분)님이 핍박을 인하여 더욱 주님 앞에 뜨겁게 기도하게 되기를 원합니다. 핍박이 오히려 주님의 큰 은사를 체험할 수 있는 능력의 통로가 되게 하여 주옵소서. 그동안 경험하지 못한 주님의 크고 놀라우신 은총이 핍박이라는 귀한 도구를 통해 다가올 수 있게 될 줄 믿습니다.

더 깊은 신앙을 위하여, 더 굳건한 믿음을 위하여 풀무불 같은 핍박도 필요함을 위안으로 삼아 견디게 하시고 정금처럼 나올 모습을 기대하며 승리할 수 있게 하여 주옵소서.

믿는 자들을 핍박했던 사울이 변화되어 바울이 되었습니다. 지금은 핍박하는 가족이지만 언젠가 하나님의 크신 사랑 앞에 녹아 무릎 꿇고 회개하게 될 모습을 바라봅니다.

주님, ○○○집사(직분)님이 끝까지 잘 견디도록 인도하여 주시고 집사(직분)님의 헌신으로 가족들도 믿음의 길에 서게 하여 주옵소서.

예수 그리스도의 이름으로 기도합니다. 아멘

경제적인 어려움을 겪는 성도를 위한 기도

"이는 너희 믿음의 시련이 인내를 만들어 내는 줄 너희가 앎이라 인내를 온전히 이루라 이는 너희로 온전하고 구비하여 조금도 부족함이 없게 하려함이라"(약 1:3,4)

만복의 근원이신 하나님 아버지!
저희는 세상을 살아갈 때 언제나 풍요로운 삶을 꿈 꿉니다. 그런 삶을 위해 일도 하고 노력하며 애쓰며 살아갑니다. 그러나 뜻대로 되지 않고 잘 해 보고자 했던 일들이 실패함으로 인해 오히려 큰 고통에 빠지기도 합니다.
이 시간에 경제적인 어려움 때문에 고통을 겪고 있는 성도를 위해 기도합니다.
세상을 다스리시는 주님!
예수님께서 부요하신 자로서 가난하게 되심은 저희를 부요케 하려 하심이라고 하셨습니다. 경제적인 어려움을 당하고 있는 ○○○집사(직분)님을 생각할 때 그 가정을 묶고 있는 가난이 너무도 안타깝습니다. 그러나 가난해도 주님을 찬양하는 삶을 살 수 있다면 어느 누구보다 풍요로운 부자가 될 줄로 믿습니다.

은혜로우신 주님!

○○○집사(직분)님의 가정을 불쌍히 여겨 주옵소서. 경제적으로 회복할 수 있는 계기를 허락하여 주옵소서. 가난 때문에 주눅 들고 시험에 빠지는 일 없게 도우시고 하나님께서 여전히 ○○○집사(직분)님을 사랑하시고 계심을 깨닫게 하시옵소서.

곧 물질적인 풍요가 다가올 것을 믿게 하시고 어려울수록 기도에 힘쓰고 날마다 감사하며 살아가게 도와주옵소서.

저희가 함께 기도하며 위로해도 누구도 그 가난의 아픔을 알기 어렵습니다. 주께서 오늘도 위로하여 주시고 포기하지 않도록 은혜를 허락하여 주옵소서. 이 가정의 염려를 주께서 멀리 던져 버리시고 풍성한 행복을 허락하여 주옵소서.

예수 그리스도의 이름으로 기도합니다. 아멘

인생의 희망은

- 폴 베를린 -

언제나 인생은 평화와 행복만으로
살아갈 수는 없다.
괴로움이 필요하다.
그리고 노력이 필요하고,
투쟁이 필요하다.

괴로움을 두려워하지도 말고
슬퍼하지도 말라.
참고 견디며 이겨 나가는 것이 인생이다.
인생의 희망은 늘 괴로운 언덕길
너머에 기다리고 있다.

가족을 잃은 가정을 위한 기도

무릎으로 드리는 구역예배 대표기도문

아내를 잃은 성도를 위한 기도

"사망의 줄이 나를 두르고 음부의 고통이 내게 미치므로 내가 환난과 슬픔을 만났을 때에 내가 여호와의 이름으로 기도하기를 여호와여 주께 구하오니 내 영혼을 건지소서 하였도다"(시 116:3-4)

은혜 베푸시기를 기뻐하시는 하나님 아버지! 주님이 사랑하시는 성도가 떠나고 난 후에 남은 남편 집사(직분)님에게 슬픔이 가득하오니 상심이 깊어지지 않도록 주께서 위로하여 주옵소서. 집사(직분)님의 마음속에 성령께서 언제나 동일하게 거하신다는 것을 기억하고 아픔을 이겨낼 수 있도록 도와주옵소서.

가슴이 텅 빈 것 같고 심장이 굳어버리는 것 같은 고통을 겪을 텐데 곁에 있는 저희가 위로하기에는 한계가 있습니다. 주께서 친히 마음을 만져 주시고 다스려 주옵소서. 고인을 보낸 가족들의 마음도 또한 성령님께서 위로하시고 하나님의 은혜로운 손길로 어루만져 주옵소서.

사랑이 많으신 예수 그리스도의 이름으로 기도합니다. 아멘.

부모님을 잃은 성도를 위한 기도 1

"내 영혼아 네가 어찌하여 낙심하며 어찌하여 내 속에서 불안해 하는가 너는 하나님께 소망을 두라 나는 그가 나타나 도우심으로 말미암아 내 하나님을 여전히 찬송하리로다"(시 42:11)

사랑과 은혜가 충만하신 하나님 아버지! 하나님의 사랑하심으로 한 가족으로 만나게 하시고 부모로, 자녀로 한 가정에서 서로 사랑하며 살다가 주님 품으로 부모님을 보내고 슬퍼하는 자녀들의 고통을 위로하여 주옵소서. 그 마음의 상실과 고통을 주님께서 잘 아시오니, 자녀들을 위로하여 주시고 슬픔의 마음을 치유하여 주옵소서. 남은 자녀에게는 큰 슬픔과 고통이지만 떠나간 부모에게는 영원한 안식의 시작이라는 사실이 큰 위로와 평안이 되게 하여 주옵소서. 큰 슬픔의 마음을 누가 대신할 수 있겠습니까? 부모를 잃은 자녀들에게 고통의 상처가 아물도록 성령께서 위로하시고 평안의 마음을 허락하여 주옵소서. 예수 그리스도의 이름으로 기도드립니다. 아멘

부모님을 잃은 성도를 위한 기도 2

"무릇 시온에서 슬퍼하는 자에게 화관을 주어 그 재를 대신하며 희락의 기름으로 그 슬픔을 대신하며 찬송의 옷으로 그 근심을 대신하시고 그들로 의의 나무 곧 여호와의 심으신 바 그 영광을 나타낼 자라 일컬음을 얻게 하려 하심이니라"(사 61:3)

찬송을 받으시기에 합당하신 하나님 아버지! 하나님께서는 죽은 자의 하나님이 아니시고 산 자의 하나님이심을 믿습니다. 죄로 인해 영원히 멸망 받고 죽을 수밖에 없는 우리를 그리스도의 보혈로 눈보다 희게 하사 죄 없다 하시고 하나님의 거룩한 자녀 삼아 주신 은혜를 감사드립니다.
"나는 부활이요 생명이니 나를 믿는 자는 죽어도 살겠고 무릇 살아서 나를 믿는 자는 영원히 죽지 아니하리라"고 말씀하신 하나님.
그리스도 예수 안에 있는 우리 성도에게는 결코 죽음이 없고 영원히 주님과 함께 거하며 영생을 누림을 믿습니다.
위로의 하나님 아버지.
이제 사랑하는 가족을 잃고 깊은 슬픔 가운데 있

는 성도님과 그 가족들을 하나님 아버지께서 위로하여 주시고 평강을 주시기를 원합니다.
우리의 헤어짐은 이 땅에서의 헤어짐뿐이요 고인과 이 땅에 남은 가족은 천국에서 다시 만날 것을 믿습니다. 고인이 보여 주셨던 신앙의 본을 이제 그 자녀들이 닮아가게 하시고 고인이 가지셨던 흔들림 없는 하나님에 대한 신앙을 자녀들도 본받아 하나님을 더욱 사랑하는 자녀들 되게 하여 주옵소서.
고인을 천국에서 다시 만날 것을 믿지만 이 땅에서 다시 볼 수 없다는 마음에 큰 슬픔이 있는 줄 압니다.
사랑의 하나님.
저들의 슬픔을 누가 위로할 수 있겠습니까? 그러나 슬픔은 잠깐임을 믿습니다. 아버지께서 친히 위로하시고 슬픔 가운데서도 하나님의 사랑을 경험하는 귀한 가족들이 되게 하여 주옵소서.
예수 그리스도의 이름으로 기도합니다. 아멘.

남편을 잃은 성도를 위한 기도 1

"나의 영혼아 잠잠히 하나님만 바라라
무릇 나의 소망이 그로부터 나오는도다" (시 62:5)

자비로우시고 사랑이 많으신 하나님 아버지.
오늘 여기 남편을 잃고 슬픔 중에 있는 사랑하는 성도를 위로하여 주옵소서.
비록 슬픈 일을 당하였지만 하나님께서 크신 사랑으로 지금까지 집사(직분)님의 가정을 지켜 주신 것처럼 이제 어렵고 힘든 과정 가운데 있는 성도의 앞길을 붙잡아 주시고 언제나 사랑으로 위로하시고 인도해 주옵소서.
저희는 주님의 뜻을 잘 알 수 없지만, 모든 것을 통하여 선을 이루시는 하나님의 섭리 앞에 순종합니다.
하나님 아버지!
하나님의 사랑하는 딸이 더 이상 슬픔과 외로움에서 고통 받지 않게 하시고, 힘과 능력을 주시어 앞으로 남은 인생에 큰 축복으로 인도하여 주옵소서.

어려운 일이 닥치고, 견딜 수 없는 고난이 오더라도 사랑하는 집사(직분)님의 남은 가족들과 늘 동행하셔서 미리 길을 예비하시고 능력을 주시어 신앙의 모범이 되는 복된 가정이 되게 하여 주옵소서.

또한 자녀가 잘되는 축복과 신앙의 가정을 이루게 하시고 많은 사람들에게 위로와 용기가 되는 가정으로 축복하옵소서.

우리와 늘 함께하시는 예수님의 이름으로 기도드립니다. 아멘

남편을 잃은 성도를 위한 기도 2

"내 영혼아 네가 어찌하여 낙심하며 어찌하여 내 속에서 불안해 하는가 너는 하나님께 소망을 두라 그가 나타나 도우심으로 말미암아 내가 여전히 찬송하리로다"(시 42:5)

인생의 끝을 지으신 하나님.
한 영혼이 이 땅에 왔다가 주님이 부르시기에 생의 끝을 마감하고 돌아갔습니다.
사랑의 주님.
이 자리에는 사랑하는 남편을 보내고 슬픔에 잠긴 집사(직분)님이 있습니다. 이 시간에 사랑하는 이를 보내고 슬픔과 회한 속에 눈물 흘리는 아내 집사(직분)님을 위로하시고 함께하여 주옵소서.
집사(직분)님의 마음 가운데 평안을 허락하여 주시고 이 땅에서 믿음으로 살아가야 할 이유가 무엇인지를 발견하며 나아갈 수 있도록 성령께서 함께하여 주옵소서.
사랑하는 이를 보내고 남은 유가족들에게도 천국의 소망을 품을 수 있게 하시어서 이 땅에서 더욱 굳센 믿음을 가지고 생을 마감하는 그날까지, 믿음으로 달려가게 하옵소서.
남은 유가족들의 건강을 지켜 주시고 서로를 위로하고 이전보다 더욱 따뜻한 가슴으로 대하며 행복하고 화목한 믿음의 가정이 되게 하옵소서.
이 땅에서의 삶이 끝이 아님을 알게 하시고, 천국을 향하여 소망을 가지고 하나님과 동행하는 삶을 살아서 감사하며 살 수 있도록 은혜를 주옵소서.
사랑이 많으신 예수 그리스도의 이름으로 기도드립니다. 아멘.

가족을 잃은 가정을 위한 기도 1

"나를 더욱 창대하게 하시고 돌이키사 나를 위로하소서" (시 71:21)

모든 생명의 근원이 되시는 아버지 하나님!
이 시간 사랑하는 고인을 떠나보내고 이 땅에 남아있는 유가족들이 슬픔에 잠겨 있습니다.
주님께서 위로해 주시고 그 마음을 어루만져 주옵소서.
생명을 주신 분도 주님이시오, 생명을 거두어 가시는 분도 주님이십니다. 비록 고인의 생명을 거두어 가셨지만 주님 품에 있음을 인하여 기뻐합니다.
우리가 인간인지라 비록 잠시 동안의 이별이 슬프지만, 사랑하는 ○○○집사(직분)님을 슬픔도 고통도 없고 영원한 기쁨만 있는 천국으로 데려가셨음을 믿습니다.
유가족들의 마음에 평안함을 허락해 주시고 큰 믿음을 허락해 주옵소서.
특별히 유가족들에게 고인이 이 땅에 계실 때 우

리에게 보여 주었던 귀한 신앙을 본받을 수 있는 믿음을 허락해 주옵소서. 또한 남아 있는 유가족들이 언젠가는 저 천국에서 고인과 다시 만날 날을 소망하며 믿음으로 천국을 사모할 수 있도록 하옵시며, 하늘나라의 소망을 갖고 더욱 열심히 신앙생활 잘할 수 있도록 도와주옵소서.

이제 후로는 유가족들의 마음속에 더 이상 슬픔이 머물지 않게 하시고, 고인의 신앙과 뜻을 받들어 더욱 주님을 사모하고 믿음의 생활을 잘할 수 있도록 은혜를 베풀어 주옵소서.

예수님의 이름으로 기도드립니다. 아멘.

가족을 잃은 가정을 위한 기도 2

"너희는 내 말을 자세히 들으라
이것이 너희의 위로가 될 것이니라"(욥 21:2)

살아 계신 하나님 아버지.
사랑하는 가족을 먼저 하나님께 보내고 슬퍼하는 이 가정 위에 위로와 평강을 주옵소서. 먼저 가신 이를 우리 하나님의 선하신 대로 인도하여 주시고 이 세상에 남은 유족들을 기억하시기를 원합니다.
성령께서 친히 이들에게 임하시고 이들의 마음을 어루만지시고 위로하셔서 평안을 주시고 먼저 가신 분이 세상에서 다하지 못한 사랑을 유족들이 대신하여 행할 수 있도록 인도하여 주시기를 원합니다.
이들의 앞길을 우리 주님께서 보살피시고 인도하여 주셔서 먼저 가신 분이 부끄럽지 아니하도록 도와주시기를 원합니다.

하나님 아버지.
예수님께서는 무덤에 계셨다가 부활하심으로 모든 이들이 부활한다는 것을 일깨워 주고, 심판의 부활과 생명의 부활로 살아난다 하였으니 이 남은 유족들이 길이요 진리요 부활이요 생명이신 예수님을 영접하여 영원한 생명에 동참하게 하여 주시기를 기도합니다.
하나님 아버지!
유가족들이 이 세상을 살아갈 때 이들의 길을 선하게 인도하여 주시고 형통케 하여 주셔서 살아가는 데 어려움이 없도록 성령님께서 인도하여 주시기를 기도합니다.
우리를 지켜 주시는 예수 그리스도의 이름으로 기도합니다. 아멘

가족을 잃은 가정을 위한 기도 3

"그리하면 네 빛이 아침같이 비칠 것이며 네 치료가 급속할 것이며
네 의가 네 앞에 행하고 여호와의 영광이
네 뒤에 호위하리니"(사 58:8)

긍휼이 풍성하신 하나님 아버지!
은혜를 생각할 때마다 감사드립니다. 오늘 이 자리에 사랑하는 가족을 떠나보내고 슬픔에 젖어 있는 유가족들을 기억하시고 한없는 위로로 함께 하여 주옵소서. 비록 몸은 떠났지만 그의 영혼은 천국으로 간 줄 알고 감사드리는 자들이 되게 하시고 저들도 천국에 대한 소망으로 넘치게 하여 주옵소서.

먼저 간 고인의 빈자리를 하나님을 사랑하고 이웃을 사랑하는 섬김으로 승화시킬 수 있도록 성령님께서 인도하시고 도와주시기만을 간절히 빌고 원합니다.

우리의 생사화복을 주관하시며 소망이 넘치게 하시는 예수님의 이름으로 기도합니다. 아멘.

가족을 잃은 가정을 위한 기도 4

"이삭이 리브가를 인도하여 그의 어머니 사라의 장막으로 들이고 그를 맞이하여 아내로 삼고 사랑하였으니 이삭이 그의 어머니를 장례한 후에 위로를 얻었더라"(창 24:67)

긍휼과 사랑이 많으신 하나님!
고통과 슬픔 속에 있는 이들을 위로하여 주옵소서. 그들의 상처와 고통이 예수님의 빛 가운데 위로 받기를 원합니다. 우리가 지금은 죽음을 통하여 헤어졌으나 주님께서 나는 부활이요 생명이라 말씀하심을 믿고 우리에게 영원한 나라, 주님이 계신 천국에서 다시 만나 영원히 행복을 누리며 살 것을 믿습니다.
고아와 과부와 나그네를 불쌍히 여기시고 사랑으로 보살펴 주시는 하나님.
나는 그들의 하나님이라 말씀하셨으니 주의 나라가 이 땅 위에 임하기까지 그들과 함께하시고 친히 보호자가 되어 주옵소서.
우리를 사랑하시는 예수 그리스도의 이름으로 기도드립니다. 아멘

내가 당신을 사랑하는 이유

- 김은미 -

내가 당신을 사랑하는 이유는
당신을 생각만 해도 기분이 좋아지기 때문입니다.
아무리 힘든 일이 생겨도 당신만 생각하면 저절로
힘이 생겨나 이겨낼 수 있기 때문입니다.

내가 당신을 사랑하는 이유는
언제나 따뜻함으로 날 맞아주기 때문입니다.
상처로 얼룩진 마음으로 다가가도
당신의 따뜻함으로 기다렸다는 듯
감싸주기 때문입니다.

내가 당신을 사랑하는 이유는
당신은 내가 그리워하는 것들을
모두 갖고 있기 때문입니다.
넓게 펼쳐진 바다도, 밤하늘에 반짝이는 별도,
아름다운 노래도, 가슴을 울리는 시도
당신의 가슴 속에 가득 채워져 있기 때문입니다.

내가 당신을 사랑하는 이유는
아무런 이유가 없습니다.
어떤 이유를 붙여도 당신을 사랑하는 진정한 의미를
다 표현해 낼 수 없기 때문입니다.

구역예배 헌금 기도와 식사 기도

무릎으로 드리는 구역예배 대표기도문

헌금 기도

예물을 기뻐 받아 주시고 열납하여 주소서

"할렐루야, 여호와를 경외하며 그 계명을
크게 즐거워하는 자는 복이 있도다"(시 112:1)

거룩하신 하나님 아버지.
구역예배에 나와서 말씀을 듣고 헌금하게 하시니 감사를 드립니다. 이 시간 주님께서 저희에게 베풀어 주신 은혜에 감사하여 빈손으로 나오지 않고 소중한 물질을 정성으로 준비해 바칩니다. 주님께서 이 예물을 기뻐 받아 주시고 열납하여 주옵소서. 또한, 예물과 함께 저희들의 몸과 마음도 바치오니 축복하여 주옵소서.
은혜의 주님.
마음은 있으나 물질이 없어서 바치지 못한 성도들에게도 물질의 축복을 허락하여 주옵소서.
예물이 쓰이는 곳곳마다 주님의 영광이 나타나게 하옵소서.
예수 그리스도의 이름으로 기도드립니다. 아멘

향기로운 제물이 되게 하소서

"지혜를 얻은 자와 명철을 얻은 자는 복이 있나니
이는 지혜를 얻는 것이 은을 얻는 것보다 낫고
그 이익이 정금보다 나음이니라"(잠 3:13-14)

은혜로우시고 자비로우신 하나님 아버지!
저희들에게 일할 수 있는 힘을 허락하여 주시고, 때마다 주리지 않도록 채워 주심의 은혜를 감사합니다.
바라기는 주님 앞에 예물을 드릴 때에 혹 인색함이나 억지로 드리는 손길이 없도록 하시고, 주님의 은혜에 감격해서 드릴 수 있도록 이끌어 주옵소서. 구역예배 후에 드려진 예물을 받아 주옵소서. 주님께 드려진 귀한 물질이 사용되는 곳에 하나님의 영광이 나타나게 하시고, 주님의 사업과 교회와 복음 전파하는 일에 사용되도록 인도하여 주옵소서.
마음과 정성도 함께 드렸으니 이 헌금이 향기로운 제물이 되게 하여 주옵소서.
예수 그리스도의 이름으로 기도드립니다. 아멘

헌금 기도

사랑의 역사가
일어나게 하여 주소서

"주의 백성을 구원하시며 주의 산업에 복을 주시고
또 그들의 목자가 되시어 영원토록 그들을 인도하소서"(시 28:9)

사랑이 많으신 하나님 아버지!
저희의 삶을 인도하여 주시고 주님 안에서 살 수 있게 하여 주심을 찬송합니다. 하나님의 사랑과 놀라운 은혜를 생각할 때마다 감사뿐입니다. 저희들이 하나님의 사랑과 은혜 속에서 믿음을 지키며, 하나님께 충성할 수 있게 하옵소서. 또한 하나님의 사랑을 많이 받은 저희들이 어려운 이웃들에게 봉사하는 삶을 살게 하옵소서.
이 시간, 구역예배로 주님께 감사한 마음을 헌금으로 드렸으니 받아 주옵소서. 적은 물질이지만 이것이 쓰이는 곳마다 사랑의 역사가 일어나게 하여 주옵소서. 이 시간에 산 제사로 구역예배를 드린 성도들을 축복하여 주옵소서.
예수 그리스도의 이름으로 기도드립니다. 아멘

복음의 역사가 있게 하소서

"여호와께서 시온에서 네게 복을 주실지어다
너는 평생에 예루살렘의 번영을 보며"(시 128:5)

전능하신 하나님 아버지!
저희들이 약할 때 강함을 주시고, 낙심할 때 용기를 주시며 두려워할 때 평안을 주시는 하나님께 감사드립니다.
사랑하는 가정에서 구역예배를 드린 후에 귀한 예물로 바칩니다. 이 예물이 쓰이는 곳곳마다 주님의 복음의 역사가 일어나게 하시고 주님의 영광만이 온전히 드러나게 하여 주옵소서.
장소를 허락한 사랑하는 가정 위에 믿음과 건강을 주시고, 가족을 위해, 교회를 위해, 국가를 위해 기도드릴 때 피곤치 않게 하여 주시고 매일 기쁨과 평안이 넘치는 삶이 되게 하옵소서. 믿음과 정성으로 예물을 올리오니 받아 주옵소서. 저희를 구원하여 주신 예수 그리스도의 이름으로 기도드립니다. 아멘

헌금 기도

예물을 드립니다

"그가 영원토록 지극한 복을 받게 하시며 주 앞에서 기쁘고 즐겁게 하시나이다"(시 21:6)

온 세상을 아름답게 창조하시고 다스리시는 하나님 아버지, 하나님의 섭리에 감사드립니다. 오늘도 귀한 말씀으로 저희의 심령을 윤택케 하시니 감사드립니다. 생명의 말씀을 혼자만 받아먹을 것이 아니라 이웃들에게도 나눌 줄 아는 마음을 주옵소서.

구역예배에 맞춰 준비한 예물을 드립니다. 오늘 저희가 드리는 예물은 하나님의 은혜에 감사하며 드리오니 하늘 문을 여시고 축복하여 주옵소서. 이 예물들이 쓰이는 곳곳마다 주의 영광이 나타나길 원합니다. 바친 손길들을 기억하시고 그 손길과 가정들이 생명력 있는 삶을 누리게 하옵소서. 물질에 대한 청지기 사명을 잘 감당케 하시어 복된 삶이 되게 하옵소서.

예수 그리스도의 이름으로 기도합니다. 아멘

감사할 줄 알게 하소서

"여호와를 경외하는 자는 이같이 복을 얻으리로다"(시 128:4)

은혜로우신 여호와 하나님 !
오늘 구역예배를 드리고 주님을 찬송하며 말씀 가운데 거하게 하시니 감사합니다. 이 시간, 저희들에게 베풀어 주신 은혜에 감사하여 부족하나마 정성스런 마음으로 물질을 준비해 바치오니 받아 주옵소서.
저희의 모든 것이 뜻대로 되어 승승장구하게 되면 하나님을 잊어버리고 스스로 잘났다고 생각하며 살아갈 때가 있습니다. 어리석은 교만이 저희를 주의 사랑에서 멀어지게 만듭니다.
주님, 그럴 때마다 그리스도의 십자가를 기억하게 하시고, 주의 흘린 피가 저희의 구원이 됨을 되새기게 하여 주옵소서. 감사가 사라지면 은혜도 없는 줄 압니다. 범사에 감사할 줄 아는 저희들 되게 하여 주옵소서.
예수 그리스도의 이름으로 기도합니다. 아멘

식사 기도

대접하는 손길을 축복하여 주옵소서

"손님 대접하기를 잊지 말라 이로써 부지중에 천사들을 대접한 이들이 있었느니라"(히 13:2)

은혜와 사랑이 많으신 하나님 아버지!
오늘 구역예배를 마치고 사랑하는 손길을 통하여 귀한 음식을 대접 받습니다. 대접하는 손길을 축복하여 주시고, 온 가정이 주님만을 섬기기로 작정하고 나가오니 그 길을 형통하게 하여 주옵소서.
사랑하는 집사님이 하시는 사업에도 은혜를 주시어서 날로 번성하게 하시고 잘 되도록 축복하여 주옵소서. 또한 고넬료와 같이 주님을 온전히 섬기는 가정으로 세워 주시고 자녀들이 하나님과 사람 앞에 사랑받고 칭찬받는 복을 누리게 하여 주옵소서. 오늘 대접 받은 저희도 힘을 얻어서 건강하게 베풀고 나누는 삶을 살게 하옵소서. 감사드리며 예수 그리스도의 이름으로 기도드립니다. 아멘

식탁에 복 내려 주옵소서

"서로 대접하기를 원망 없이 하고"(벧전 4:9)

산 소망이신 하나님 아버지!
구역예배 후에 좋은 음식을 먹게 하여 주시니 감사를 드립니다.
이 음식을 준비하기 위해 수고한 집사님에게 복을 내려 주시고, 저희들은 이 음식을 먹고 힘을 얻어 주님 나라의 영광을 위해 살게 하옵소서.
이 시간에 양식이 없어서 고통 당하는 우리 국민과 북한 동포, 또 세계의 고통 당하는 사람들을 기억하여 기도합니다. 주께서 그들에게 위로와 은혜를 허락하셔서 배고픈 어려움을 해결할 수 있도록 도와주옵소서.
이 자리에 모인 저희 모두 주신 음식에 부끄럽지 않은 삶을 살며, 이 식탁에 복 내려 주시기를 원합니다.
예수 그리스도의 이름으로 기도드립니다. 아멘

식사 기도

날마다 일용할 양식을 주옵소서

 "야곱이 바로에게 축복하고 그 앞에서 나오니라"(창 47:10)

사랑의 하나님!
날마다 일용할 음식을 주시니 감사합니다.
오늘 저희들이 이 가정에 모여서 구역 모임을 갖게 하시고, 주님께 예배드리며 주님의 귀한 말씀을 통하여 가르침을 받게 하시고, 하나님을 찬미하게 하시니 감사합니다. 이제 예배를 마치고 이 가정에서 정성껏 마련한 귀한 음식을 함께 먹으며 교제를 나누려고 합니다. 모든 대화에 말없이 듣고 계시는 주님을 생각하면서 교제를 나누게 하옵소서. 귀한 물질로 대접하는 성도님에게 물질의 은사를 더하셔서 주님을 위하여 받은 은사를 귀하게 사용할 수 있도록 하시고, 이 가정에도 귀한 물질을 받아 누릴 수 있는 은혜가 넘치게 하옵소서.
음식을 먹을 때마다 예수 그리스도의 이름으로 기도드립니다. 아멘

주님의 사랑을 깨닫습니다

"여호와의 이름으로 오는 자가 복이 있음이여
저희가 여호와의 집에서 너희를 축복하였도다"(시 118:26)

저희들에게 일용할 양식을 허락하시는 하나님! 주님의 은혜를 감사드립니다. 이 음식을 먹고 건강함을 얻어 주의 일에 충성하게 하옵소서. 사랑으로 준비한 손길을 기억하시고 축복하여 주옵소서. 특별히 귀한 음식을 대접하는 손길 위에 큰 은혜를 베풀어 주셔서 영혼이 잘 되고 범사가 잘 되도록 축복하여 주옵소서.

사랑의 하나님!

저희가 먹고 마실 때마다 주님의 사랑을 깨닫습니다. 저희의 삶 전체가 주님의 은혜요 사랑이오니 늘 주님만을 사랑하며 기쁨 속에 살게 하여 주옵소서. 오늘도 저희에게 귀한 음식을 허락해 주시니 감사드립니다. 날마다 주님의 형상을 닮아가게 하옵소서.

주 예수 그리스도 이름으로 기도합니다. 아멘

식사 기도

이 가정을 축복합니다

"네가 그것을 네 아버지께 가져다 드려서 그가 죽기 전에
네게 축복하기 위하여 잡수시게 하라" (창 27:10)

사랑의 하나님!
오늘도 저희들에게 일용할 양식을 주셔서 감사합니다. 음식을 먹을 때마다 주님의 은혜에 감사하는 저희들 되게 하시고, 이 음식이 식탁에 오르기까지 땀 흘리며 수고한 집사(직분)님을 축복하여 주옵소서.
하시는 모든 일들 위에 하나님의 정결한 복이 임하기를 간절히 원합니다.
저희도 이 음식을 먹고 더욱 힘을 얻어서 선한 사업에 힘쓰며 나아가게 하시고, 주님의 영광만을 나타내기 위해 애쓰게 하시옵소서.
이 가정의 대접함이 계속 이어져 이웃으로, 이웃으로 하나님의 사랑이 전해지게 도와주옵소서.
예수 그리스도의 이름으로 기도합니다. 아멘

부족함이 없게 하여 주옵소서

"요셉이 자기 아버지 야곱을 인도하여 바로 앞에 서게 하니
야곱이 바로에게 축복하매"(창 47:7)

은혜로우신 하나님 아버지!
오늘도 각자의 분주한 삶을 뒤로 하고 구역예배로 모일 수 있게 해 주심을 감사드립니다. 구역예배를 통해서 사랑의 교제가 깊어지고 은혜가 풍성하기를 원합니다.
이 시간, 예배 후에 귀한 음식을 대접 받습니다. 대접하는 가정에게 은혜를 더하여 주시고, 하는 일 위에 주님이 축복하여 주심으로 범사가 잘 되게 하여 주옵소서.
어려운 가운데 대접하는 것입니다. 주께서 이들의 마음을 기뻐 받으시고 지혜를 주심으로 어려운 시기를 잘 견디며 부족함 없게 도와주옵소서. 날마다 큰 복으로 채워 주옵소서.
예수 그리스도의 이름으로 기도드립니다. 아멘

아직 안 보이는 것을

— 미즈노 겐조 —

나의 마음속에 소망이 있네
그리스도가 주셨다네
근심 중에 있어도 변함이 없네
아직 안 보이는 것을 기다리는 소망

나의 마음 속에 기쁨이 있네
그리스도가 베풀어 주셨다네
세월 흘러간대도 소멸치 않네
세상에서 얻지 못할 기쁨 있다네

내가 전진해 나갈 한 길이 있네
그리스도가 활짝 열어 주셨다네
어둠이 드리워도 헤매지 않네
저 천국에 이르는 기쁨이 있는 그 길

부록

심방할 때 필요한 성경 구절

무릎으로 드리는 구역예배 대표기도문

심방할 때 필요한 성경구절

1. 임신한 분을 위한 성구
   - 사라가 잉태하여 이삭을 낳음(창 21:1-3)
   - 종신토록 헌신하기로 서약함(삼상 2:21)
   - 엘리사벳이 세례 요한을 낳음(눅 1:13-16)
   - 주의 사역자의 수고를 이해함(갈 4:19)

2. 출산한 분을 위한 성구
   - 사람이 세상에 태어남을 즐거워함(요 16:21)
   - 사라가 해산 후 기뻐서 웃음(창 21:6)
   - 엘가나가 사무엘을 낳고 제사드림(삼상 1:21)
   - 엘리사벳이 기뻐하며 감사함(눅 1:57-58)
   - 여호와의 도로 가르치라(신 31:12-13)
   - 하나님을 위하여 자녀를 양육함(삼상 1:22-23)
   - 한나의 서원기도에 내포된 자세(삼상 1:9-11)
   - 성경에 기록된 후손들의 유형(대상 1:4-27)
   - 유다 지파의 계보가 주는 의미(대상 2:3-17)

3. 생일을 맞이 한분을 위한 성구

- 큰 잔치를 배품(창 21:8)
- 건강하게 성장함을 기뻐함(눅 2:40)
- 만복을 누리는 자 되길(창 12:2-3)
- 하나님의 마음에 합한 자 되길(행 13:22)
- 제사장 앞에서 여호와를 섬김(삼상 2:10)
- 의인의 축복(갈 3:27)
- 건강 장수의 축복(수 14:10-11)
- 자녀는 여호와의 상급(시 127:3)
- 가정 화목의 축복(시 128:1-6)
- 백발은 영화의 면류관(잠 16:31)

4. 학교에 입학한 분을 위한 성구

- 자녀 교육의 의무가 있음(신 6:4-9)
- 예수님을 모범으로 삼음(눅 2:46-47)
- 어려서부터 배우고 믿을 것(딤후 3:14-15)

5. 학교를 졸업하신 분을 위한 성구

- 일의 마지막이 시작보다 나음(전 7:8)
- 모든 날 끝에는 정한바 복음 누림(단 12:13)
- 심은 대로 거둠같이 많이 배울 것(고후 9:6)

6. 결혼하시는 분을 위한 성구

   1) 약 혼
   - 하나님의 뜻에 순응함(창 24:56-58)
   - 본인들의 의사 존중(창 24:62-63)
   - 아담의 독처함이 좋지 못한 이유(창 2:18-25)
   - 사랑하는 사람을 위해 예비할 것들(아 7:10-13)

   2) 결 혼
   - 여자를 남자의 배필로 정함(창 2:18)
   - 하나님의 축복(창 2:20-25)
   - 아브라함과 같은 자손(창 15:4-5)

7. 사업하시는 분을 위한 성구

   1) 개업 및 사업 확장
   - 생명과 사망, 복과 저주(신 30:19-20)
   - 심지가 견고한 자(사 26:3-7)
   - 너는 범사에 그를 인정하라(잠 3:5-6)
   - 하나님께 경영을 맡기라(잠 16:3, 9)
   - 나의 도움은 여호와께로부터(시 121:1-80)
   - 이삭이 창대하고 거부가 됨(창 26:12-13)
   - 정성으로 자본 투자(마 13:45-46)

- 많은 이익을 위해 근면할 것(마 25:16-17)
- 주께서 허락하심(약 4:13-17)
- 나중이 처음보다 나아짐(욥 42:12)
- 부지런한 손은 부하게 됨(잠 10:4)
- 기브온 위에 멈춘 태양(수 10:12-14)
- 야곱과 얍복 강가의 비결(창 32:22-32)
- 잠언에 언급된 구제의 결과(잠 11:24-25)
- 아브라함이 이룬 평화의 비결(창 13:1-13)
- 십일조를 통해서 증거되는 여호와(말 3:10)
- 첫 곡물 봉헌 규례에 담긴 의의(신 26:1-11)
- 하나님의 축복 분배의 원칙(수 19:1-9)
- 다윗의 축복에 대한 자세(삼하 6:12-15)
- 이스라엘의 십일조가 주는 교훈(대하 31:4-10)
- 히스기야의 감사에 담긴 의의(대하 29:29-31)

2) 취 직

- 일군으로 불러 줌을 감사할 것(마 20:6-7)
- 부지런하여 게으르지 말 것(롬 12:11)
- 맡은 일에 충성할 것(고전 4:2)

3) 승 진
- 가정 총무에서 총리대신으로 승진됨(창 39:4)
- 왕의 시종소년에서 셋째 치리자로 승진됨
  (단 1:5-6)
- 적은 일에 충성하면 많은 것을 맡음(마 25:21)

8. 군 입대하는 가족을 위한 성구
- 하나님의 군사가 되는 자격의 요건(민 1:1-46)
- 하나님의 거룩한 군사의 의무(민 31:13-24)
- 보호와 인도하심(시 121:1-8)

9. 임종하시는 분을 위한 성구
- 수가 높고 나이 많아 기운이 진함(창 25:8)
- 자녀들에게 축복하고 별세함(창 49:1-3)
- 신앙의 자녀들에게 유언함(딤후 4:1-8)
- 정신 차리고 기도할 것(벧전 4:7)
- 열심과 사랑으로 최후를 장식할 것(벧전 4:8)

10. 추도 예배를 준비하시는 분은 위한 성구
- 부모도 따라감(삼하 12:23)
- 지혜자의 마음은 초상집에 있음(전 7:4)

- 지극한 효성의 슬픔(창 50:10)
- 영원한 소망은 임종 시에 필요(요 14:1-3)

11. 질병으로 어려움을 당하시는 분을 위한 성구

- 각종 병을 고쳐 주시는 예수(마 4:23-25)
- 병을 짊어지신 예수(마 8:16-17)
- 병자에게 필요한 의사 예수(마 9:12)
- 병 고치는 권능을 부여하심(마 10:1)
- 병들면 예수를 찾을 것(요 11:2-3)
- 너희를 치료하는 여호와(출 15:26)
- 아프게 하시다가 싸매시는 하나님(욥 5:18)
- 힘을 주시고 평강의 복을 주심(시 29:11)
- 그 백성의 상처를 싸매심(사 30:26)
- 네 치료가 급속할 것이라(사 58:8-9)
- 치료하는 광선을 발하심(말 4:2)
- 연약함을 담당, 병을 짊어지심(마 8:17)
- 믿음의 기도는 병든 자를 구원(약 5:14-15)

12. 교회 출석을 등한히 하시는 분을 위한 성구

- 무거운 짐 진 자들아 다 내게로 오라(마 11:28)
- 열심히 주님께 봉사하라(롬 12:11)
- 지금이 곧 은혜 받을 때(고후 6:1-2)
- 스스로 속고 있는 생활(갈 6:7)
- 처음 은혜를 보존하라(히 3:14)
- 때를 따라 은혜 받을 것(히 4:16)
- 모이기를 힘써라(히 10:25)

13. 기도생활을 안하는 분을 위한 성구

- 항상 기도할 것(눅 18:1)
- 쉬지 말고 기도할 것(살전 5:17)
- 믿음이 없이 하는 기도는 헛수고(히 11:6)
- 의심하는 자의 기도는 헛됨(약 1:6-8)

14. 믿다가 낙심한 분을 위한 성구

- 회개의 열매를 맺을 것(마 3:8)
- 성령의 인도하심을 받을 것(요 16:13)
- 옛사랑을 완전히 버릴 것(엡 4:22-24)
- 성령의 감화를 소멸치 말 것(살전 5:19)

15. 불평불만이 많은 분을 위한 성구

- 원망 불평으로 40년간 방황(민 14:1-39)
- 교회에서 거치는 자 되지 말라(고전 10:32)
- 교회를 업신여기지 말라(고전 11:22)
- 교회에서 잠잠하라(고전 14:28, 34)

16. 이단에 미혹된 분을 위한 성구

- 다른 신과 하나님의 진노(신 11:16-17)
- 마음의 미혹과 안식(시 95:10-11)
- 거짓 선지자들을 삼갈 것(마 7:15-23)
- 말세에는 거짓 선지자가 많음(마 24:11)
- 궤술과 배도가 예언됨(엡 4:14)
- 사람의 교훈을 받음(요일 2:26-27)

17. 근심과 염려가 많은 분을 위한 성구

- 즐거움 끝에는 근심이 있음(잠 14:13)
- 마음의 근심은 심령을 상하게 함(잠 15:13)
- 심령의 근심은 뼈가 갈라짐(잠 17:22)
- 내일 일을 위하여 염려하지 말라(마 6:34)
- 너희는 마음에 근심하지 말라(요 14:1)
- 너희 염려를 주께 맡겨 버리라(벧전 5:7)

18. 집을 새로 지은 분을 위한 성구

- 여호와께서 집을 세우면 견고함(시 127:1)
- 반석 위에 세운 집(마 7:24-25)
- 모래 위에 세운 집(마 7:26-27)

19. 새로 이사 온 분을 위한 성구

- 남방으로 이사한 아브라함(창 20:1)
- 이방으로 이사 감(룻 1:1-2)
- 기업 얻을 땅으로 이사(히 11:8-10)
- 복의 근원이 될지라(창 12:1-9)
- 구원(인도), 경배, 즐거워함(신 26:8-11)
- 나와 내 집은 여호와를 섬김(수 24:14-18)
- 주의 앞에 기쁨, 우편에 즐거움(시 16:1-11)
- 주의 집의 살진 것으로 풍족(시 36:5-12)
- 기뻐함, 즐거움, 감사함이 있으리(사 51:1-3)
- 항상 인도하시고 영혼을 만족케 하심(사 58:11)
- 의와 평강과 희락(롬 14:17)
- 기쁨과 평강 충만케, 소망 넘치게(롬 15:10-13)
- 복주고 번성케 하리라(히 6:13-15)

20. 시험 및 사업에 실패하신 분을 위한 성구

- 불의한 재판관과 과부의 비유(눅 18:1-8)
- 여호와의 보살피심이 신속한 이유(사 65:24)
- 벧엘로 다시 돌아가는 방법(창 35:1-7)
- 호렙 산의 엘리야가 주는 의미(왕상 19:8-18)
- 고난의 로마행을 기회로 삼은 바울(행 27:14-26)
- 여호사밧의 신앙(대하 20:12-19)
- 욥기에 나타난 연단이 주는 유익(욥 42:5-17)
- 하나님만을 바라야 할 이유(시 62:1-7)

21. 축복을 사모하시는 분을 위한 성구

- 아브라함에게 주신 약속(창 12:1-4)
- 브니엘의 축복(창 32:24-30)
- 아론의 축도(민 6:22-27)
- 아셀 파의 축복(신 33:24-29)
- 시온의 대로가 있는 자(시편 84:4-12)
- 너의 행사를 여호와께 맡기라(잠 16:1-3, 8-9)
- 새 힘을 더하시는 하나님(사 40:28-31)
- 성령을 위하여 심으라(갈 6:7-10)
- 네 영혼이 잘됨같이(요삼 1:2-4)